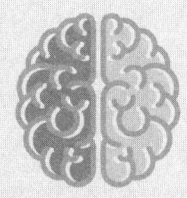

关爱大脑,大脑会回以关爱。

——加雷思·穆尔

著 ○ 【英】加雷思·穆尔
（Gareth Moore）

译 ○ 刘李莹

# 我的第一堂大脑私教课

## 40天最强大脑训练计划

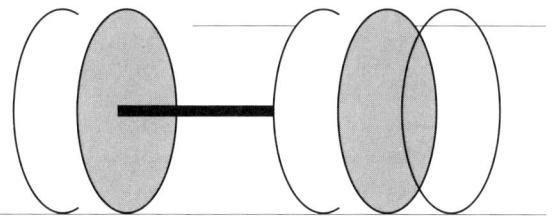

世界图书出版公司
北京·广州·上海·西安

版权登记号：01-2019-6967
图书在版编目（CIP）数据

我的第一堂大脑私教课：40天最强大脑训练计划/（英）加雷思·穆尔著；刘李莹译.—北京：世界图书出版有限公司北京分公司，2020.3（2023.2重印）
书名原文：Brain Coach:Train,Regain and Maitain Your Mental Agility in 40 Days
ISBN 978-7-5192-7064-3

Ⅰ.①我… Ⅱ.①加…②刘… Ⅲ.①思维训练 Ⅳ.①B80

中国版本图书馆CIP数据核字（2019）第276936号

Brain Coach by Dr. Gareth Moore
Copyright © Michael O'Mara Books Limited 2019
Puzzles and solutions copyright © Gareth Moore 2019
Images from Shutterstock.com
First published in Great Britain in 2019 by Michael O'Mara Books Limited
All rights reserved
Simplified Chinese rights arranged through CA-Link Internaitonal LLC

| | |
|---|---|
| 书　　名 | 我的第一堂大脑私教课：40天最强大脑训练计划<br>WODE DIYITANG DANAO SIJIAOKE：40 TIAN ZUIQIANG DANAO XUNLIAN JIHUA |
| 著　　者 | 加雷思·穆尔 |
| 译　　者 | 刘李莹 |
| 责任编辑 | 刘　虹　尹天怡 |
| 出版发行 | 世界图书出版有限公司北京分公司 |
| 地　　址 | 北京市东城区朝内大街137号 |
| 邮　　编 | 100010 |
| 电　　话 | 010-64038355（发行）64037380（客服）64033507（总编室） |
| 网　　址 | http://www.wpcbj.com.cn |
| 邮　　箱 | wpcbjst@vip.163.com |
| 销　　售 | 各地新华书店 |
| 印　　刷 | 唐山富达印务有限公司 |
| 开　　本 | 787 mm × 1092 mm　1/16 |
| 印　　张 | 17 |
| 字　　数 | 160千字 |
| 版　　次 | 2020年3月第1版 |
| 印　　次 | 2023年2月第3次印刷 |
| 国际书号 | ISBN 978-7-5192-7064-3 |
| 定　　价 | 49.80元 |

如有质量或印装问题，请拨打售后服务电话010-82838515

# 目 录
## CONTENTS

序　言 / 1

第 1 天　　关爱大脑 / 1

第 2 天　　大脑训练 / 7

第 3 天　　保持专注 / 13

第 4 天　　制定切实可行的目标 / 19

第 5 天　　划分任务优先等级 / 25

第 6 天　　做事要有条理 / 31

第 7 天　　应对压力 / 37

第 8 天　　睡眠的力量 / 43

第 9 天　　身体与大脑 / 49

第 10 天　　改变大脑 / 55

第 11 天　　挑战自己 / 61

第12天　　放松 / 67

第13天　　正念冥想 / 71

第14天　　创造力 / 77

第15天　　打破常规 / 83

第16天　　失败和遗憾 / 89

第17天　　了解自己的优势 / 95

第18天　　自信 / 101

第19天　　社交大脑 / 107

第20天　　巧妙互动 / 111

第21天　　群体的无知 / 117

第22天　　社交媒体 / 123

第23天　　说对不起 / 127

第24天　　集体记忆 / 133

第25天　　与他人的关系 / 137

第26天　　猜一猜 / 143

第27天　　自动反应 / 149

第28天　意识思维　/ 155

第29天　似乎充满意义　/ 161

第30天　意外　/ 165

第31天　预期偏见　/ 171

第32天　估算数量　/ 177

第33天　心算　/ 183

第34天　买家的懊悔　/ 189

第35天　积累词汇　/ 195

第36天　创造性写作　/ 199

第37天　增长见识　/ 205

第38天　使用记忆力　/ 211

第39天　缜密的推理　/ 217

第40天　终身学习　/ 223

参考答案　/ 229

# 序 言
## INTRODUCTION

欢迎打开《我的第一堂大脑私教课：40天最强大脑训练计划》。只需每天阅读两三页、做两三道相关练习，你就能用不到一个半月的时间提高自己大脑的能力。

大脑是人的核心所在。离开大脑，你什么也做不了。它是宇宙的一个缩影，潜力无限，等着你去充分开发、利用。它在人类生命的各个方面都起着至关重要的作用，难道我们不应该关心它、照顾它吗？

通过每日的训练课程，我将带你进行一次穿越大脑的旅程。每天前进一小步，利用最新科学，你将学会更好地利用天赋，更深入地了解大脑的工作方式，从而做出更好的决定，更快、更睿智地思考。这本书可以在生活的各个方面帮助你。

本书还有一系列专门设计的配套益智游戏，你可以马上将书中描述的许多技巧付诸实践。当然，你也不一定非得连着40天学完本书——只要你有时间，完全可以慢慢来。事实上，有些训练可能用一天时间也完成不了。

# 第 1 天

# 关爱大脑

关爱大脑意义重大

新事物和新挑战不断刺激大脑迅速发育

闲置的大脑神经回路会被清除

**怎么回事？**

对着镜子，你就能看到自己的身体。移动的时候，你很清楚自己的感觉。所以你很容易了解自己的生理健康状况。那么大脑呢？相比之下，大脑的健康状况评估起来要困难得多，但你一定要像爱护自己的身体那样关爱你的大脑。

记得要时时挑战大脑，让它不断学习，从而建立新的思维方式。身体产生的大部分能量会被大脑消耗掉，而未被消耗的剩余能量就会被大脑内置的"管家"扫地出门。

**为什么会这样？**

不论你的智力水平是高还是低，你都要好好关爱自己的大脑，至少要给予它和身体同样的重视。毕竟离开大脑，你什么也做不了。

建议用时：**15分钟**

# 深入了解

## 大脑

在你很小的时候,大脑的成长速度非常惊人。在你探索周围世界的同时,你的脑细胞数和大脑神经回路都以可怕的速度增长着。在青春期,你的大脑会进行自我清理,之前建立的不常使用的大脑神经回路会被一一清除。

二十五六岁的时候,人的大脑性能达到巅峰。过了这个年纪,它就开始走下坡路了——但下滑的速度还是由你掌控的。好好关爱大脑,这条下坡路就可能会相对平缓,但如果不花时间、花心力好好照顾它,那么你的心智能力会不断下降,你也会加速衰老。

## 大脑护理

你可以通过以下方式关爱你的大脑:

尽可能多地挑战自己;

敢于改变,增加阅历;

饮食多样化,尽可能多样地摄入身体所需的维生素、矿物质、必需脂肪酸和必需氨基酸;

保持身体健康,保证大脑有稳定、规律的氧气供给;

维持心理健康。

以上这几条虽然都"写起来容易做起来难",但你只有一个大脑——而且全世界也只有你自己能好好关爱它,其他人都爱莫能助。

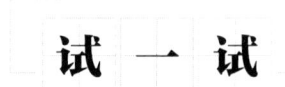

训练1

你以前可能没见过下面这道极具挑战的题目,去解决它并开启你的大脑训练计划吧。

请在网格上画1×2或1×3的矩形,使每个矩形都只包含一个数字。

\* 每个矩形中的数字表明该矩形可以移动的空格总数。
\* 长大于宽的矩形左右水平移动,宽大于长的则上下垂直移动。

请参阅下方的示例,了解矩形移动的规则。例如,顶行中的"2"表明该矩形可以移动2个空格。右下角的"0"则表明该矩形不能移动,它上方的空格不算,因为它不能在这个方向上移动。

(示例)

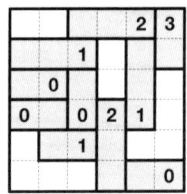

|   |   |   |   | 2 |
|---|---|---|---|---|
|   |   | 1 |   |   |
| 2 | 2 |   |   |   |
|   |   |   | 1 |   |
|   |   | 1 | 0 |   |
| 1 |   | 2 |   | 3 |

**训练2**

大多数人在生活中都有一些日常行为习惯,那你的日常行为习惯有哪些呢?(所谓日常行为习惯就是你每次做这件事情的时候,采用的方式或方法都大同小异。)记几个你的日常行为习惯吧:

*1.* _____

*2.* _____

*3.* _____

*4.* _____

现在你要想一想自己可以做出哪些改变——比如换一条乘车路线、更换最喜欢的饭菜、去另一家咖啡店、到一个新的地方散步，或者穿另一种风格的衣服。不管是什么，简要记录一下你能做些什么来改变你的日常行为习惯，创造不一样的经历：

1. _____

2. _____

3. _____

4. _____

写下这些想法之后，你就可以考虑把其中一个(或多个)变成现实。你的大脑会感谢你的。

# 第 **2** 天

# 大脑训练

不断尝试新挑战,刺激大脑

教大脑学习新技巧,助你更聪明地思考

所有新奇的事物都有助于大脑成长——没有灵丹妙药

**怎么回事？**

　　大脑训练包括可能对大脑产生良性刺激以促使大脑建立新的大脑神经回路而使你更聪明的任何活动。它涉及"用进废退"这一概念,意思是说:如果不持续挑战自己,你将失去现有的大脑技能。它还包含另一种理念:练习一种技能可以让你更得心应手地使用其他技能。

**为什么会这样？**

　　勤于用脑不仅是保持既有技能的关键,也是学习新技能的核心。做什么活动都可以,但最好选择你在日常生活中不常做的和没有经历过的,差距越大越好。

# 深入了解

**有趣多变的训练**

大脑在无聊或没有挑战的情况下是无法好好学习的,所以高质量的大脑训练需要集中注意力。此外,有趣味的训练往往收效更好,因为你不享受某件事的时候,就很难保持专注。

多数训练都是越练越容易的。因此,即便是最好的大脑训练,其效果也会因为次数的积累而递减。活动的多样性是关键,一旦你到过某个地方、做过某件事,再重复去这个地方、做这件事,大脑是不可能收获和第一次等量的好处的。打个比方,你第一次做数独练习,大脑会获益良多。但是,就算在第一千次做的时候你仍旧享受其中的乐趣,大脑却怎么都不可能得到同样多的好处。

**全面提高智力**

进行大脑训练会让你越来越擅长这些特定的练习,就像练习任何技能都会提高相应方面的能力一样。但是,进行大脑训练是否也能让你更好地完成其他不相关的任务并全面提升智力呢?

最近,大规模的研究表明,有时在网络游戏中发现的那种重复的大脑训练,只能让游戏技巧更娴熟。没有可靠的证据表明,这些游戏可以让你在其他完全不相关的活动中变得更聪明——除非,你已经超过50岁。对于50多岁的人来说,这种类型的大脑训练已经被证明能帮助他们在生活的其他方面有所收获。人们现在还不清楚这是大脑随着年龄增加发生了变化的缘故,还是仅仅因为老年人在日常生活中面临的固有的大脑挑战减少了。但可以确定的是,大脑训练能让你取得多大进步取决于你每天面临多少脑力挑战。

**增强记忆力**

虽然简单的大脑训练游戏可能不是提高你的一般智力的灵丹妙药,但有一种是值得你投入更多精力的——与记忆技能相关的大脑训练游戏。现在多数人都把名字、号码、地址、生日、购物清单和一大堆其他信息存储在手机上(或者是地址簿和日历上),而且我们也习惯了在网上搜索事物,而不会一一记住它们。这意味着,许多人一旦完成学业,就不会再有意识地利用自己的记忆了。

已有证据表明与记忆技能相关的大脑训练任务可以很大程度地提高完成相关记忆任务的能力——当然,与一般的大脑训练一样,你不要期望这种训练可以让你在其他记忆技能上有任何的进步。

**现在就开始吧**

本书的特点之一是涵盖了大量不同种类的大脑训练,避开了网络游戏的重复属性。

做每个练习的时候,切记训练的目的不是让人产生挫败感。大脑只有在轻松愉悦的状态下才能达到最好的学习效果。所以,一旦某道题目开始让你感到紧张、疲累,你就暂且搁下它,过一会再继续。

本书最后也给出了相应习题的参考答案,按天数和题号排序。要是你在某道题上卡住了,可以看一眼答案,想想怎么从已知信息中得出答案。

## 试 一 试

### 训练1

下面有两个立方体,每个立方体右侧有四个平面图,其中哪个可以折叠成相应的立方体?

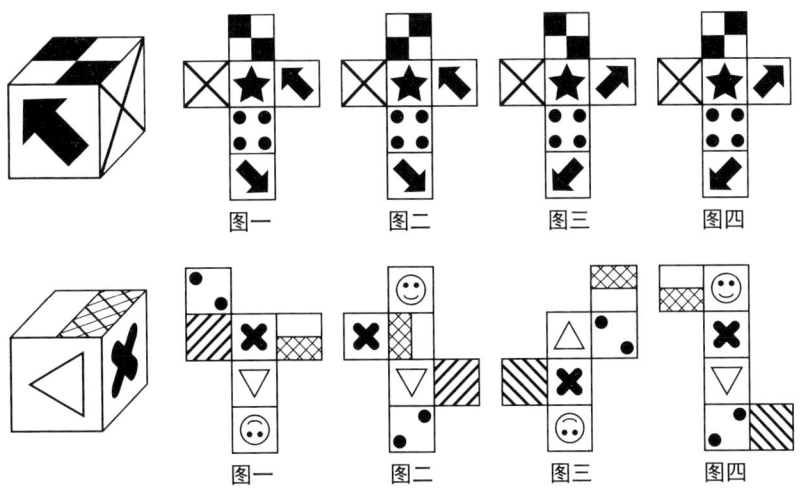

# 第 3 天

# 保持专注

排除一切你能想到的干扰因素

切记一次只做一件事情

如有需要,请将任务细化

**怎么回事？**

一旦分心或者没有全神贯注地做某项任务，你做事的能力就会大打折扣。所以人们只有学着保持专注，才能更高效、更有质量地完成任务。花少量时间在准备工作上通常能帮人们节省大量时间。

**为什么会这样？**

专注使你效率倍增，继而你就有更多时间去做其他任务——哪怕只是放松一下。这能让你产生成就感，同时也有助于减压。成就感又会带来满足感。这就形成了一个良性循环，你就能更快地完成更多的事情——而且质量都有保证。

建议用时：**18**分钟

# 深入了解

**干扰**

干扰无处不在,有听觉方面的,比如旁边的交谈声或者突然响起的电话铃声;有视觉方面的,比如突然弹出来的邮件通知或者有人走进视野;有触觉方面的,比如一阵冷风吹过你的脸;有嗅觉方面的,比如食物的气味。

要想避开所有潜在的干扰,这不大可能,但尽量将其排除还是值得一试的。不要担心,可以直接告诉旁人在某个时间段内不要打扰你。而且,多数情况下,即便你没有在1小时之内接听电话或者接收邮件也不会造成很严重的后果。如果有必要,就设定一个专门的方式让人们可以在紧急时刻联系到你。

**专注力**

要想把事情做好,你就得把注意力集中在手头的任务上。排除潜在干扰很重要,但也要避免自己的精神开小差,比如思考其他任务,或是琢磨一些无关的琐事。

有很多不同的方法可以帮助你排除干扰,但以下几点是重中之重:

不要同时做两件事情，你的意识不允许你同时思考多件事情。

设定一个现实可行的目标，这样你就不会被某个无法实现的目标绊住脚步，也不会像无头苍蝇一样到处乱撞。

将复杂的任务细化成更容易完成的子任务，然后你就可以从它们着手了。

## 训练1

一些智力游戏主要考验的是注意力和观察力，你需要集中注意力观察，然后按照规则进行下一步。

下面这两道题目的目标很简单。在空格中填上"○"或"✗"，确保每行、每列、每个对角线上相邻的空格中，不得有连续4格及以上的符号重复。

1.

2.

|   | ○ | ○ |   |   | ○ | × | ○ | × |
|---|---|---|---|---|---|---|---|---|
|   |   |   | × |   |   |   |   |   |
|   | ○ |   |   | ○ |   |   | ○ | × |
|   | × | ○ |   | ○ | × |   | ○ |   |
|   |   | × |   | ○ |   |   | × |   |
|   | × |   |   |   | ○ | ○ |   |   |
|   |   | × | ○ |   | × |   |   |   |
|   | × | ○ |   |   |   | ○ | ○ | ○ |

## 训练2

这两道智力题跟上面的相似，但是现在你要在每个空格中填入"0"或"1"，确保每行、每列相邻的空格中，不得有连续2格以上（不含2格）的数字重复。

请注意，这两道题目在对角线方向没有限制，满足行和列两个方向的要求即可。

1.

|   | 1 |   | 0 |   | 0 | 0 | 1 |
|---|---|---|---|---|---|---|---|
|   | 1 |   | 0 |   | 0 |   | 1 |
|   |   | 1 |   |   | 1 | 1 |   |
| 0 |   |   |   | 0 | 0 |   | 1 |
| 1 |   | 0 | 0 |   |   |   | 0 |
|   |   | 0 | 1 |   | 0 |   |   |
| 0 |   | 1 |   | 0 |   | 1 |   |
| 1 | 1 | 0 |   | 1 |   | 0 |   |

2.

| | 0 | | | | | |
|---|---|---|---|---|---|---|
| | | 0 | | 1 | 0 | |
| 1 | 1 | | | | 0 | |
| | | 1 | 1 | | 1 | |
| | | 0 | | 1 | 1 | |
| | 0 | | | 0 | | 0 |
| | | 1 | 0 | 0 | | |
| | | | | | 0 | |

## 第 **4** 天

# 制定切实可行的目标

> 你的希望和梦想分别是什么
>
> 你需要采取哪些行动才能一步步接近它们
>
> 把复杂的任务分解成简单的任务

**怎么回事？**

多数人都胸怀梦想，但如果你想将其实现，该怎么做才能逐步靠近它呢？你可能会中彩票，或者走大运误打误撞碰上能帮你实现梦想的人，但把所有的希望都寄托在运气上是靠不住的。那么，你要做些什么才能实现目标呢？

**为什么会这样？**

胸怀大志是很了不起的，有时候甚至比"实干"还来得重要。如果你有希望达到的目的，或者想要实现的目标，就制订一个切实可行的计划，迈出这接近目标的第一步。即便一些目标的实现多少有些运气的成分，但制订一个计划总没坏处，最好制订一个能让你不断尝试的计划。

第 4 天
制定切实可行的目标

# 深入了解

**循序渐进**

每一段旅程都有开始,有时迈出第一步是最困难的,因为这可能需要你走出自己的舒适区,比如和你通常回避的人直接对话,或用一种正常情况下你不会使用的方式自夸一番。如果你是创业者,就得开始做你紧张害怕的电话营销,或征求他人的真实想法,或者违心地卑躬屈膝。但无论你的目标是什么,首先要对其进行分解:

为了实现目标,我需要会做哪些事情?

这些事情我都会做吗?如果有不会的,有没有什么可行的方法能找到他人来帮我?

如果有一些事情是大家一致认为我做不了的,那么我原来制定的目标确实可行吗,还是我应该对其进行调整?

从一开始就要对自己诚实,这一点很重要。因为为了一个不可能实现的目标而努力奋斗只会浪费时间,并以失望告终。

**分解目标**

你一旦确定了目标,就可以将其分解成一系列任务,这些任务将帮助你朝着你的目标前进。任务分得越细越好(比如,给一个能帮上忙的朋友写信），这样更容易实现。当然了，也要避免"过于在意细枝末节"，否则你的待办事项清单会多得不可胜数。

## 试一试

**训练1**

想一个你希望实现的目标，写在下面：

_____

实现这一目标需要哪些技能和才能？你都具备吗？主要的拦路虎是什么？你能想到三个吗？

1. _____
2. _____
3. _____

你能把这个目标分解成哪些更小、更容易实现的子任务？这些子任务中还有没有可以继续分解的？每一个子任务都能帮助你进一步接近目标吗？

写出几个你打算完成的子任务：

1. _____
2. _____

# 第 4 天
## 制定切实可行的目标

**3.** _____

以上这些都只是你最初的想法，它们可能会随着时间的推移而改变，所以在接下来的24小时内继续思考这些问题。你一旦开始详细考虑自己的想法，它们就会开始变化，这是很自然的。

**训练2**

这道题目的目标很简单，至少和人生目标比起来简直微不足道。但它可能还是需要你仔细思考才能解决。

看下面这个由圆点组成的圆：

你能画一个正方形，使它的四条边刚好经过每个圆点的中心吗？

# 第 5 天

# 划分任务优先等级

按重要性和截止日期划分任务优先等级

记得要为自己考虑,不要只为他人着想

完成目标要奖励自己

## 怎么回事？

生活的方方面面都需要我们决定该做些什么，什么时候去做。有些时候，有些事情你根本没得选，必须做。但如果你正在非常努力地去实现某个特定的目标，那么必须分清轻重缓急，把注意力集中在最重要的事情上。

## 为什么会这样？

目标无论大小，如果没有一个明确的计划和与之相应的任务优先等级，那么无论是在生活还是工作中，你都可能永远无法实现这个目标。如果通往成功的路上你自己是唯一的阻碍，那么是时候停止找借口了，赶紧制订计划，只有这样你才有可能到达你想去的地方。实现目标的另一个关键就是，要注意每个步骤的顺序，要确保你划分的任务优先等级是合理的，这样你才能按照最有效的顺序一步一步接近目标。

# 深入了解

**划分优先等级**

昨天,我们研究了如何将复杂的任务分解为更细、更容易实现的小任务。但是,列出相对简单的任务清单之后,你该怎样去判断应该从哪个小任务开始呢?如果你觉得需要完成的小任务太多,那么这些子目标可能起不到什么作用了。

确定完成哪些任务获益最快、最大,就从哪些任务着手。

在取得进展、信息不断积累的时候,不要害怕改变最开始设定的优先次序。

优先考虑那些对你最重要的事情,而不是最容易的事情。

有没有哪些任务必须先完成才能进行下一项呢?

一旦决定了每个任务的优先等级,你就可以将它们按照优先等级降序排列。到现在为止,你已经制订好了一个计划,并为完成这个计划划定了优先等级,接下来就可以开始逐步去完成任务了。

**你自己的目标**

我们中的大多数都与人群为伴,所以我们的目标得与我们周围人的需求和要求相适应。但是当一天结束的时候,别忘了关心自己的需求,这和注重别人的需求是同等重要的。照顾自己是照顾他人的一个重要组成部分。当然也不要因为自己的人生目标进展缓慢就开始怨恨别人,责怪他们。如果你觉得周围的人会阻碍你的进展,那就停下脚步好好想想,看看自己能做些什么来改变这种状况,千万不要指望别人改变。

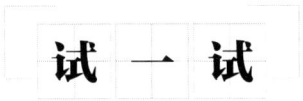

## 完成目标

当你朝着目标前进的时候,可能会发现你的需求和期望发生了变化。如果真的是这样,那是好事。但你一定要停下来,更新之前制订的计划以及与之配套的任务优先等级,使它们适应新的现实。

每完成一项任务,你都要奖励自己,哪怕只是一个深呼吸和微笑。你要敢于承认自己的进步,这样才能收获成就感,这可比你时刻提醒自己还有很繁重的任务没有完成重要得多。

### 训练1

在网格的虚线上画线,形成一套完整的多米诺骨牌,从0-0到6-6。每个多米诺骨牌只能出现一次,你可以使用交叉图表来跟踪记录已经放置的多米诺骨牌。图中已经给出了两个多米诺骨牌作为示例。

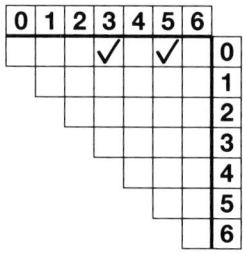

|   | 0 | 1 | 4 | 3 | 0 | 0 | 2 | 2 |
|---|---|---|---|---|---|---|---|---|
|   | 6 | 3 | 2 | 2 | 1 | 2 | 0 | 4 |
|   | 5 | 6 | 5 | 2 | 5 | 6 | 0 | 3 |
|   | 2 | 4 | 0 | 0 | 3 | 5 | 3 | 6 |
|   | 1 | 5 | 3 | 5 | 1 | 3 | 6 | 6 |
|   | 4 | 5 | 2 | 4 | 4 | 3 | 6 | 4 |
|   | 6 | 5 | 0 | 4 | 1 | 1 | 1 | 1 |

## 训练2

确定一组地雷的位置来解决这些扫雷难题。地雷只能放置在空格里，每个空格最多只能放置一枚地雷。格子里的数字表明周围所有地雷的总数，包括对角线方向的。旁边给出了一个用来解释游戏规则的示例。

1.

| 1 |   |   | 2 |   |
|---|---|---|---|---|
|   | 4 |   |   | 2 |
|   |   | 4 | 2 |   |
| 3 |   | 3 |   | 2 |
|   |   |   |   | 1 |

2.

|   |   | 1 |   | 3 |   | 2 |
|---|---|---|---|---|---|---|
| 2 | 3 |   | 3 |   |   | 3 |
|   |   |   | 4 |   | 5 |   |
| 3 |   | 1 |   |   |   |   |
|   | 4 |   |   | 2 |   |   |
|   |   | 2 |   |   | 1 |   |
|   | 2 |   |   |   | 1 | 1 |

# 第 6 天

# 做事要有条理

只有真正开始去做了，事情才有可能完成

如果某个任务过于繁复，试着将其简化

把要做的事情逐一写下来，你就能完全集中注意力而不会分心了

## 怎么回事?

决定做某件事和实际着手去做某事,这二者有着天壤之别。对一些人来说,阻碍其梦想实现的主要问题是没办法迈出第一步,作家"文思枯竭"就是一个典型的例子。而对另一些人而言,他们的核心问题却是无法长久地坚持最初的目标。

## 为什么会这样?

工作过程中,能否切实保质保量地完成任务关系重大。任务完成了,你才能休息、娱乐,而且,有效工作时间内完成的任务越多,留给你享受人生的时间就越多。这样一来无形之中就形成了一个良性循环——你的心情越是愉悦、精神越是放松,你就越容易在工作中保持专注,从而可以完成更多的任务。

建议用时:**15**分钟

## 深入了解

**把事情做好**

要把一件事情做好就得做到下面两个要点：

着手去做，并全身心投入。

保持专注，直到事情做完。

多数人都会被其中至少一点挡住前进的脚步，所以做好事情的秘诀之一就是对自己诚实。你有什么问题，就这个问题你又能做些什么？

**着手去做**

通常情况下，坚持把一件事情不中断地做完也是一大难题。人们会很自然地把较为复杂的任务搁置，先做相对简单容易的工作。但如果这些容易的工作并没有紧急到不完成就会一直干扰你，那么或许你应该把它们放在后面去做。事实上，如果你下定决心在完成复杂的任务之前坚决不去碰那些简单的任务，就可以鞭策自己先坚持把复杂的任务做完来推进工作进度。

有些人需要在"截止日期"的逼迫下才开始做任务。所以，如果你没有截止日期的规定——或者你的截止日期似乎还很远——那就给自己定一个。要是这么做还是不起作用，你就把截止日期告诉一位朋友或家人，如果自己没能按时完成，就让他们向你问责，可以没收你本打算给自己完成任务的奖励。

如果你很清楚自己经常错过截止日期，就把任务一一写下来，再在旁边写上一个早几天或几周的截止日期，但你一定要不断提醒自己要在这个新的截止日期前完成任务，不要老想着原来那个真正的截止日期。

**保持专注**

也许你每天工作效率最高的时间段是有规律可循的，比如健身后，或者只要办公桌上有茶或咖啡，就能让你的精神状态重回正轨。不论是哪种情况，每次你成功地集中了注意力，过后都要想一想，看看能否确定是什么帮助你保持了专注。把它记下来，下次试着刻意这么做。

一旦开始集中精力做任务了，要怎么做你才能坚持不懈地进行下去呢？保持专注一方面需要你在开始之前就把各种干扰因素一一排除，另一方面需要你避免在开始之后心生旁骛。这里有一个对多数人来说简单而有效的方法：

### 把事情写下来

脑子里总是记着一大堆打算做的事情、想要探索的想法和需要完成的任务，这种感觉很累。所以，不要把它们一一都装在脑子里了——全都写下来。求助笔头,把大脑腾空可以让你把注意力集中在手头最紧迫的任务上,而不会因为老是想起其他事情而分心。

### 安排任务时间

在尝试一项任务之前,预估一下需要多长时间能完成——把这个时间写下来,然后留出足够的时间来完成这项任务,这样你就不会被其他的截止日期打断。如果你估算的与实际用时不符,就要凭借经验,试着在日后估算的时候再贴合实际一些。

## 试 一 试

### 训练1

下面有两个栅栏拼图,用横线和竖线将所有点连起来形成一个环线,这个环线必须经过每个点。

1.

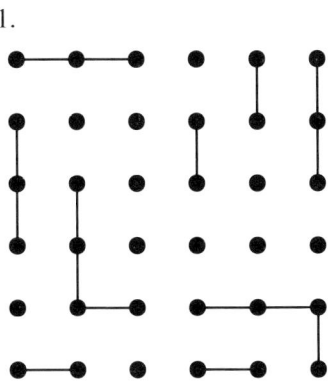

2.

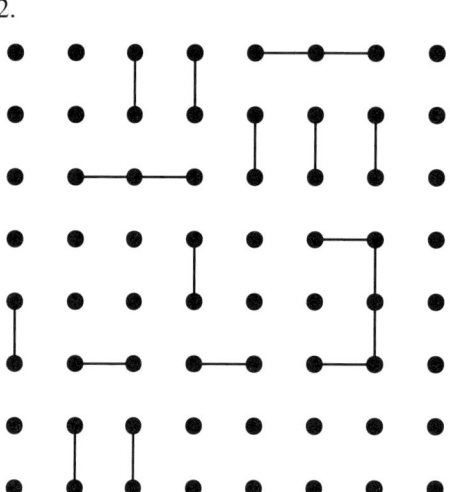

# 第 7 天

# 应对压力

面对压力，大脑会做出不同反应

适度压力是有益处的

持续压力和长期压力必须好好平衡

**怎么回事？**

每个人都会时不时感受到一些压力，这是人类生活的一部分，是从对高度危险情况的应激反应不断进化而来的。身体处于紧张状态，随时准备对眼前的威胁做出迅速的反应，这种状态在短期内是有帮助的。

**为什么会这样？**

适当的压力会促使你积极采取行动，帮助你集中精力完成任务。但是过大的压力可能会招人烦，不光会让你自己不悦，也会让那些此时与你交往的人心生不快。而且，长期压力过大会导致大脑发生负面变化。因此，在可能的情况下，必须减轻压力，消除引发慢性压力的来源。

# 深入了解

## 减轻压力

断断续续的压力可以通过各种方法来应对,包括:

幽默——笑被证明可以减轻压力。

健身锻炼——强度越大越好,任何运动都会有帮助。

社交往来——一种连接感或者分担问题的感觉,可以给你很大的帮助。

留出时间放松自己——把你事先知道不会用来处理或思考让你有压力的问题的时间预留出来。

如果你知道压力来自哪里,并且有能力将其消除,那就想办法去排除,这样做的效果会更胜一筹。如果压力源是一件待完成的工作,那么,至少你可以期待在未来完成它。

## 慢下来

虽然压力通常是由尚未完成的事情引起的,但从某种程度上说,减缓速度确实有助于减轻压力,这一点的确出人意料。压力本身会让你产生一种急促的感觉,而这种感觉又会让压力持续存在。

一定要给自己留下充足的时间去完成任务,或者把剩余时间分成实际的子目标,只要你按照这个时间表行事,就没有理由感到紧张。压力是大脑召唤身体做出反应时产生的,所以你要让大脑相信没有紧急情况发生。

# 试 一 试

**训练1**

给这幅画上色,使隐藏的图像显现出来。(见41页)

**训练2**

试着完成这个"连点成画"的游戏,你会看到一个可爱的朋友。(见42页)

从"1"开始(在图中标记为一颗实心星星)画一条线到"2",再画到"3",依此类推,直到画到另一颗空心星星。然后抬起你的钢笔或铅笔,找到下一个号码(也是实心星星),继续以同样的方式连线,直到所有的点都被连上为止。

1=淡蓝色 2=蓝色 3=深蓝色 4=白色 5=绿色 6=黄色
7=橙色 8=红色 9=深红色 A=棕色 B=浅棕色

# 我的第一堂大脑私教课

**40天最强大脑训练计划**

# 第 **8** 天

# 睡眠的力量

> 身体需要睡眠才能存活
>
> 睡觉的时候,大脑依然在工作
>
> 睡眠可以增强长时记忆

## 怎么回事?

不睡觉,人就无法存活。10天不睡觉,身体就会到达极限。就算只是18个小时左右不睡觉,人的判断力也会开始下降。睡眠过程中,许多重要的生命进程都在继续进行,尤其是大脑中的一些进程。

## 为什么会这样?

睡眠的全部细节对于我们来说仍然是个谜,但我们已经知道它对于巩固长时记忆至关重要。人在睡眠时,大脑会处理一天中所发生的事情,巩固所学的信息并搞明白这些信息的意义。即使你没有意识到,大脑也会继续思考,这就是为什么有时一觉醒来,你会产生新的想法来解决困扰已久的问题。

# 深入了解

**上床睡觉**

有些人入睡困难。他们睡得很晚,醒来后感觉很糟糕。这对大脑一点好处都没有,对身体其他部位也毫无益处。

把上床睡觉的时间固定下来,尽量坚持每天都在这个时间点去睡觉。有时生活琐事会推迟你的睡觉时间,但熬夜消遣,比如浏览社交媒体或玩游戏,是不明智的做法。最好早起一会儿去做这些事情,而不是熬夜去做。因为如果你发现身体没睡够,早上就还有机会补补觉。

**"7小时+"**

几乎每个人都需要7个小时或更长时间的睡眠,尽管有些人只需要6个小时,但极少有人可以睡得更少还能正常生活——尽管一些人已经习惯了疲倦,他们时常自欺欺人,认为自己可以适应睡眠不足的生活。不过,幼儿和老人对睡眠时长的需求不同。

**入睡困难**

如果你经常入睡困难,那么,尽快解决它,因为这个问题关系重大！如果你知道是什么干扰了你，比如某种噪声或者某种压力的来源，试着找出干扰的根源。如果你不知道原因，或者无法自己解决，就找个家庭医生谈谈。你可以写睡眠日记，这样医生就可以评估你的睡眠问题，看看严重程度。睡眠不足会导致各种各样的精神问题，也会使你对自己和他人都构成威胁——这种生活方式难以让人感到舒适欢愉。

# 试 一 试

## 训练1

如果你无法立即解开下面这些谜题，试着把它们留到明天，看看睡着的时候会不会产生灵感！

1. 什么东西只能待在一个地方，却仍然能够周游世界？

2. 你在比赛中超过了第二名，现在是第几名？

3. 什么东西越多就越看不见？

4.什么东西能被用完却又能永远持续下去?

5.什么时候把5和9加起来能得到2呢?

6.怎么能在尽全力扔球的同时还可以保证它会直接回到手上呢?

7.什么东西你拿走的越多就变得越大?

# 第 9 天

# 身体与大脑

身体健康与大脑健康息息相关

大脑需要定期摄入特定化学物质

身体越健康,大脑思考的速度越快

**怎么回事？**

大脑需要不断获取某些化学物质才能保证正常运行，而健康的身体和均衡的饮食则是持续提供这些化学物质以维持大脑功能和保护大脑健康的两个必备条件。

**为什么会这样？**

大脑中的每个脑细胞只能储存少许能量，因此需要稳定的氧气供应来维持活动。如果你的身体不够好，你的大脑就需要等待更长的时间才能补充能量，然后你才能再次使用这条思维路径。此外，你还需要均衡饮食，这样你的大脑才能摄入正常工作所需的各种维生素、矿物质和必需脂肪酸。

# 深入了解

**坚持每天锻炼**

如果保持身体健康并不足以说服你每天锻炼身体——即便只是快步走,那么关爱大脑一定是个充分的理由。我们现在知道为了保持大脑健康,有氧运动是必不可少的。

运动刺激你的大脑不断改善。

运动有助于学习。

运动后更容易集中精力。

运动可以减轻压力,并在一定程度上有助于缓解抑郁。

运动可以激发出创造性的想法。

事实上,有关运动的重要性,是有极具说服力的证据来证明的:

运动有助于减缓脑细胞自然死亡的速度,也对阿尔茨海默病的发生有延缓作用。

**现在就开始**

什么时候开始锻炼都不晚。如果你已经在椅子上坐了一整天,那就站起来,四处走走。如果你没有定期锻炼的习惯,那就想办法把有氧运动纳入你的时间表——可以是很简单的项目,比如说走路。运动虽然不多,但聊胜于无!在合理的限度内,多运动比少锻炼要好得多。

### 健康饮食

大脑需要某些化学物质才能正常工作。当然,氧气是最直接的需求,但平衡的饮食是保护大脑的关键环节,包括:

维生素——身体自身无法合成的有机化合物。

矿物质——身体所需的化学元素。

必需脂肪酸——包括omega-3多不饱和脂肪酸。

必需氨基酸——存在于蛋白质中。

健康的饮食可以简单地概括成下面这句话:

吃均衡多样的食物,不暴饮暴食,避免流行饮食。

医务人员推荐的其他建议包括:

吃早餐。

用小号盘子,这看上去盛的食物比较多。

进食速度不要太快,这样容易产生饱腹感。

多喝水。

### OMEGA-3多不饱和脂肪酸

Omega-3多不饱和脂肪酸对大脑的良好运作是必不可少的,但没有证据表明超过推荐的每日摄入量(RDA)会使你变得更聪明。然而,有证据表明,这些物质的膳食补充片剂效果要差得多——所以要吃真正的鱼或其他食物,比如亚麻籽,不要依赖补充剂。

# 试一试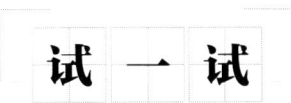

## 训练1

下面有两个网格,在每个网格的空格中填入一个数字,第一个网格可填1到36中的任意数字,第二个可填1到64中的任意数字。这些数字最终会形成一条从1到36或从1到64的路线,这条路前进的方向上下左右皆可,但每前进一步,方格中的数字只能比前一个数字大1。

1.

|  | 32 |  | 35 |  |  |
|---|---|---|---|---|---|
| 30 |  |  |  | 19 |  |
|  |  | 23 | 16 |  |  |
|  |  | 24 | 15 |  |  |
| 7 |  |  |  | 12 |  |
|  | 5 |  | 2 |  |  |

2.

|  |  |  |  |  |  |  |  |
|---|---|---|---|---|---|---|---|
|  |  | 5 |  | 62 |  |  |  |
|  | 17 |  | 1 | 60 |  | 64 |  |
|  |  | 19 |  | 34 |  |  |  |
|  |  | 20 |  | 35 |  |  |  |
|  | 14 |  | 30 | 37 |  | 47 |  |
|  |  | 22 |  | 39 |  |  |  |
|  |  |  |  |  |  |  |  |

# 第 10 天

# 改变大脑

大脑一生都在学习

大脑的某些区域可以长出新的脑细胞

大脑在不断变化和进化

## 怎么回事？

人的一生当中，大脑都在不断建立神经回路、重组神经回路，从而习得不同的思考方式。甚至，大脑还能长出新细胞，至少在某些部分可以——比如与长时记忆相关的区域。

## 为什么会这样？

在人类生长早期，大脑变化最为迅猛——很久以前我们以为只有这个阶段而已。但事实是，成年后，大脑会继续自我重组，至少有小规模的重组，以求最适合你的生活。长期不使用的大脑神经回路会逐渐消失，同时大脑也会不断建立新的神经回路。如果颅脑受到损伤，大脑甚至可以进行更加重要的"重新布线"，从而在受损的脑区恢复失去的功能。

# 试一试

## 训练1

在下面的空格中填入A到H中的一个字母（ABCDEFGH），每行或每列中都不得有字母重复。此外，同行或同列相同字母不能相邻。

1.

| F |   | B | D |   | A |
|---|---|---|---|---|---|
|   | C |   |   | B |   |
| D |   |   |   |   | C |
| A |   |   |   |   | B |
|   | D |   |   | F |   |
| C |   | E | B |   | F |

2.

| A | C |   |   |   |   | H | F |
| B |   |   | E | F |   |   | A |
|   |   | A |   |   | F |   |   |
|   | F |   | A | C |   | E |   |
|   | H |   | G | B |   | A |   |
|   |   |   | D |   | B |   |   |
| H |   |   | C | D |   |   | G |
| C | A |   |   |   |   | G | E |

## 训练2

下面有两个网格，在每个网格的空格中填入一个数字，第一个网格可填1到36中的任意数字，第二个可填1到64中的任意数字。这些数字最终会形成一条从1到36或从1到64的路线，这条路可以沿着任何方向前进，包括对角线方向，但每前进一步，方格中的数字只能比前一格的数字大1。

1.

| 13 | 15 | 17 |    |    |    |
|----|----|----|----|----|----|
|    | 14 |    | 33 |    | 36 |
|    |    |    |    |    | 31 |
|    |    | 8  | 1  | 21 | 30 |
|    |    |    | 23 | 22 | 25 |
|    |    |    | 3  |    | 26 |

2.

|    |    | 57 |    | 15 | 16 |    |    |
|----|----|----|----|----|----|----|----|
|    | 28 |    |    |    |    |    |    |
| 31 |    |    |    | 55 |    | 10 |    |
| 32 |    | 64 |    |    |    | 19 | 9  |
|    | 25 |    |    | 53 | 20 |    | 7  |
|    |    |    |    |    | 1  | 6  |    |
|    | 37 |    | 47 | 42 | 45 |    |    |
|    |    |    | 38 | 41 |    |    | 3  |

## 训练3

在下面两个网格的每个空格中填入一个0到9之间的数字：

* 每一列所有数字之和等于灰色格子的数字。
* 每一行都包含从0到9所有数字。
* 相同数字不能相邻,包括对角线方向。

1.

|   | 7 |   | 2 |   |   | 0 |   |   |   |
|---|---|---|---|---|---|---|---|---|---|
|   | 9 | 0 | 5 |   | 2 |   | 1 | 6 | 8 |
|   | 7 | 8 |   |   | 6 | 4 |   | 2 | 3 |
|   | 6 |   | 7 | 2 |   | 1 |   |   |   |
|   |   | 0 | 5 | 1 |   |   | 2 |   | 3 |
| 19 | 37 | 17 | 20 | 24 | 23 | 21 | 16 | 27 | 21 |

2.

| 2 |   | 1 |   |   |   |   | 6 | 7 |   |
|---|---|---|---|---|---|---|---|---|---|
|   | 9 | 6 |   |   |   | 5 |   |   |   |
| 8 |   |   |   | 4 | 6 | 0 |   |   | 3 |
|   |   |   | 6 |   | 2 | 1 |   | 8 | 0 |
|   |   | 8 | 7 | 2 |   |   | 5 | 9 | 6 |
| 15 | 38 | 21 | 25 | 22 | 20 | 6 | 25 | 33 | 20 |

# 第 11 天

# 挑战自己

大脑喜欢探索学习

以获得新技能为目标去探索新鲜事物

切莫被一成不变的常规束缚

**怎么回事？**

　　不断探寻新颖的任务，让大脑完全动起来。活动越是远离日常生活，大脑投注的注意力就越多，思考得也越频繁，自然也就学得更多更好了。对于生活中的日常活动，大脑会用"自动驾驶仪"来掌控。所以，要打破常规，尝试一些新事物。

**为什么会这样？**

　　大脑可以强大到让人匪夷所思的地步——在应对吃喝拉撒等日常活动的时候，它会尽其所能地帮你省去每次都要认真思考的麻烦。但同时，这也会产生相应的弊端——你需要尝试新事物来挑战大脑。有了这些挑战，大脑才会不断被刺激以维持既有的技能，并建立新的思维模式，以更好地应对日后的挑战。

# 第11天 挑战自己

## 训练1

下次你外出或在熟悉的地方转悠的时候,试着抬头看看。你都看到了什么?街道上空的世界常常是一个隐秘的地方,那里有几乎从未被你注意到的建筑物。

停下脚步,好好看一看你每天都会见到却未曾留意过的东西。尤其是你经常开车路过的某个地方,就在这个地方把车停下来,走过去细细体味一番,这一定会带给你意想不到的体验。

如果你真有意把这个练习提升一个层次,就抓住一切机会到没去过的地方旅行。每到一个不熟悉的地方,大脑都得非常努力地工作,因为需要处理和理解的事物太多了。记着,离家越远收效越好!

## 训练2

完成下面这道数和题目。在每个空格中填入一个1到9之间的数字,使每行连续一组数字之和等于左侧格子对角线上方的数字,每列连续一组数字之和等于上方格子对角线下方的数字。连续的行、列中均不能出现重复数字。

## 训练3

在网格的每个空格中填写一个1到5之间的数字,代表房子的层高;每行、每列都必须出现这五个数字。

\* 网格外的数字表明可见房子的数量,从该点沿着行或列看网格。

\* 较高的房子会挡住远处较低的房子。比如,某行的五个数字分别是3、2、4、5、1,就意味着该行网格左侧的数字是3,因为3、4、5可见;网格右侧的数字是2,因为只有1和5可见。

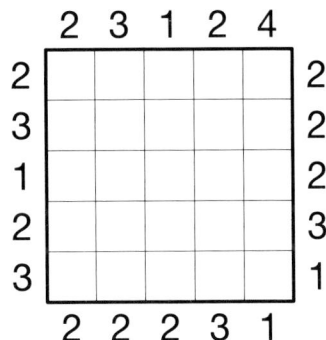

# 第 **12** 天

# 放松

时不时地停下来休息一会很重要

休息时做一些和工作完全无关的事情

专门留出时间进行放松

**怎么回事?**

短暂休息很重要,特别是在注意力长时间高度集中之后。休息时间不需要很长,但还是要尽量给自己一个机会,让自己从紧张的思考中恢复过来。

**为什么会这样?**

把短暂休息列入工作安排可以让你更好地应对工作,它给大脑提供了一个机会去处理你一直在做的事情。而且有计划的休息是很有益处的,因为这样你就可以把在休息前完成某些任务定为目标——如果做到了就可以休息,权当是给自己的小奖励。休息的时候,试着把你的注意力转移到一些完全不同的事情上——如果你一直在学习某本书,那就去散散步或者听听音乐,或者如果你一直在电脑前工作,也许可以停下来去读读纸质书。

第 12 天
放 松

## 试一试

训练 1

下次休息的时候,试试下面这些轻松的智力游戏。

首先完成这个"连点成图"游戏,从1(用一个实心星星标记)开始,画一条线到2,再到3,以此类推,直到连接到另一颗星星(空心)。然后抬起笔,找到下一个实心星星标记的数字,继续用上面的方法连线,直到所有的点都用完。

## 训练2

从上到下,走出迷宫。

# 第 13 天

# 正念冥想

休息不一定非得在睡觉的时候

花点时间放空大脑有所助益

正念的形式多种多样

## 怎么回事？

正念的方法有很多种，冥想是其中之一。它要求你把注意力全部放在呼吸上，将其他任何你察觉到进入大脑的想法都视为干扰，不要去理会。祈祷也是正念的一种形式。

## 为什么会这样？

有人发现冥想或其他正念方法有助于缓解压力或应对相关问题。选择一种可靠的方法，把自己暂时从当前的负担或欲望中解脱出来，有助于减轻这些症状。比如，它可以赋予你一种能力去管理大脑中错综复杂的思绪，让你感觉自己可以掌控自己的生活。

# 试 一 试

**正念**

你可以尝试一下正念的基本做法：选择一个不会被打扰的地方，静坐几分钟，然后闭上双眼，关注呼吸。让焦虑和其他想法轻轻飘走，直到你的全部意识都只在当下的身体上。

你也可以把正念当成一种助眠方法。如果你发现自己无法摆脱当天的某些想法，或者为来日感到担心，那么正念可能特别有效。

做下面这些练习的时候，试着摒除杂念，除了习题，什么都不要想。

## 训练1

试试这个简单的创造性任务,它没有固定答案。把下面这些点中的几个连起来,想怎么连就怎么连,你甚至可能连出一幅图画来。

## 训练2

从上到下,走出迷宫。

## 训练3

将每个方块涂成其数字所对应的颜色，使隐藏的图画显现出来。

0=红色　　1=淡蓝色　2=黄色　　3=深黄色　4=橙色

5=深红色　6=棕色　　7=蓝色　　8=深绿色　9=绿色

# 第 **14** 天

# 创造力

有人总认为自己不具有"创造力"

但你却不断用创造力解决问题

你可以利用创造力来帮助自己放松

**怎么回事？**

每当你成功解决一个问题，不管这个问题有多小，只要你不是在某套严格的规则下解决的，就一定是在创造力的指导下找到解决方案的。创造力不仅限于艺术的范畴，你当然也可以利用与生俱来的创造力去创造艺术。艺术本身是什么，而你又希望它是什么？

**为什么会这样？**

大多数人至少都能想到一项自认为"做不到"的创造性活动。但创造力和艺术本就是"各花入各眼"的事物，谁又能给出唯一标准呢？事实上，你的大脑有巨大的创造性飞跃的能力，利用这种创造力可以让你感觉更自由、更放松。不要让早期的经历或者别人的意见限制你认为自己能做的事情。

第 14 天
创造力

# 试一试

训练1

尝试这些创造性任务，让你的内在艺术天分自由发挥。没有标准答案。

你认为这四个白框里的东西分别是什么？在每个白框里画画，让隐藏的图案显现出来。

## 训练2

尝试创作一幅简单的"像素"图片。给网格中的方块染色,可以染几个,也可以都染,但没必要每个都上色;如果你愿意,也可以不上色,用铅笔把方块涂黑即可。

下面有几幅图案,或许可以给你灵感。

## 训练3

将图中圆圈重叠的区域涂上颜色,染成你喜欢的图案。比如,对称的图形,或者各种鲜亮颜色的混搭。这完全由你决定。

# 第 15 天

# 打破常规

生活不应该在轨道上前进

打乱并改变部分日常活动

开展新活动来挑战自己

**怎么回事？**

年龄越大，你就越有可能固守自己的行为方式。不论你年龄多大，在你的生活中是否有些事情已经成了常规活动，你甚至都不需要下意识地思考就可以做到这些事。你曾经有没有发现自己不确定是否真的做过什么事，比如做了一杯饮料或者刷了牙齿？

**为什么会这样？**

某件事情你做的次数多了，聪明的大脑就学会了为你做这件事，所以你不必再下意识地去考虑它。从某种意义上说，这可以使生活更简单，但是如果生活中有太多事情开始变成常规活动，大脑就不会接受它所需要的挑战。

# 第15天 打破常规

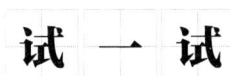
试 一 试

**打乱**

你总是沿着相同的路线往返于几个固定的地方吗？在安全的前提下，试着改变一下路线。选择一条更长的路，或者改变出行方式——比如，不坐火车，改乘大巴，或者用步行代替车辆。

如果你总是去相同的地方，那就试着去新的地方。去新的城市购物，到新的地方度假，或者在一家没去过的餐馆吃饭。如果你一直喝自己最喜欢的那款饮料，就试着换个别的种类，或者换种制作方法。尝试没吃过的食物。

生活中的新鲜事越多，大脑就越需要集中注意力，你就思考得越多。大脑中使用频率较低的神经回路会被废弃（或许是为了节省能量），所以如果你不使用某条神经回路，就真的可能会失去它。

**训练1**

找出两件你每次都用相同的方式去做，而且可以不用完全集中注意力就能做完的事情：

*1.* _____

*2.* _____

现在，想一个简单的办法，在某种意义上把它们打乱：

1. _____

2. _____

## 训练2

这些数壹游戏有点像逆向的数独游戏。将数盘中的某些方格涂黑，令每行、每列中没有重复数字出现，此外，涂黑的方格不得横向或纵向相连，且不能将整个数盘分割开来。你只需在没有涂黑的方块之间上下左右移动，就可以从任何一个没有涂黑的方块移动到另一个没有涂黑的方块。

1.

| 5 | 2 | 4 | 2 | 6 | 2 |
|---|---|---|---|---|---|
| 6 | 3 | 6 | 4 | 6 | 1 |
| 4 | 6 | 2 | 3 | 1 | 5 |
| 5 | 1 | 5 | 6 | 5 | 3 |
| 1 | 6 | 6 | 3 | 4 | 2 |
| 2 | 4 | 3 | 1 | 3 | 6 |

2.

| 7 | 8 | 3 | 7 | 4 | 1 | 6 | 2 |
|---|---|---|---|---|---|---|---|
| 4 | 6 | 8 | 2 | 5 | 3 | 7 | 3 |
| 6 | 2 | 7 | 1 | 3 | 8 | 2 | 5 |
| 2 | 4 | 6 | 4 | 8 | 4 | 1 | 4 |
| 1 | 8 | 2 | 6 | 3 | 7 | 2 | 4 |
| 5 | 4 | 1 | 4 | 2 | 2 | 8 | 6 |
| 1 | 5 | 2 | 7 | 6 | 1 | 4 | 3 |
| 8 | 3 | 1 | 5 | 6 | 6 | 2 | 7 |

## 训练3

如果你玩过海战军棋游戏,那么尝试一下下面这个单人模式。目标是根据下面的规则,将列出的所有船只放入网格中。右面给出了一个例子,可以帮你了解规则。

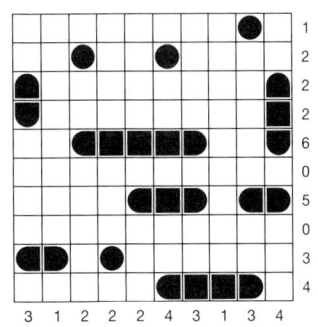

* 船只之间不能接触,包括对角线方向。
* 每一行和每一列都有一个线索数字,显示该行或该列的船只片段总数。
* 一些船只片段已经在网格中给出。

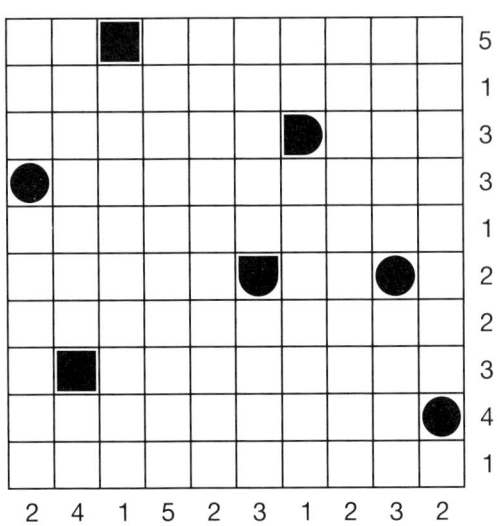

第 **16** 天

# 失败和遗憾

> 随着年龄的增长,遗憾的事情自然会越来越多
>
> 失败往往只是一种感觉
>
> 确保大脑学到的是正确的经验教训

**怎么回事？**

总有些事情是你再也无法改变的，甚至连产生影响的机会都从未有过。不知道你有没有被这些事情所困扰或为之心烦意乱？如果有，就从这些事情中吸取教训，不要再去纠结它们，然后继续前进。活在过去只会伤害现在的你。

**为什么会这样？**

放手继续前进是很困难的，但是你的生活不应该仅被过去的一些瞬间或插曲定义。不要担心你无法改变的事情，也不要浪费你的一生等待别人做出改变——他们可能永远不会这么做。你得靠自己的大脑去好好生活，而不快乐的大脑是学不到正确的经验的。

# 第 16 天 失败和遗憾

# 深入了解

### 生活教训

常有人说，没能杀死你的东西只会让你变得更强大。这句话可能并不总是对的，但当生活中的某些事情出了问题的时候，很多人会不自觉地回想当初，为之前所做的一些决定悔之又悔。但你无法改变这些出了问题的事情了。你所能做的只有向它们学习，然后继续前进。你可能会心烦意乱一段时间，但总有一天得学会放下，这样你才能过好你的余生。这也许说起来容易，做起来难——但还是要做的。

受伤的瞬间或动情的时刻会被刻在记忆中，这是很自然的事情。这种强烈的感觉告诉大脑，这些都是值得记住的重要时刻，但事实却相反，这些可能都是你宁愿忘记的时刻。幸运的是，你可以通过不去想某件事来帮助记忆消失。所以，要有意识地放手，总有一天它会消失——即便不会消失，它也会变成一个遥远的记忆，不再让你产生困扰。

### 书写自己的历史

大家都知道，历史是由胜利者书写的——所以，不要让别人的判断影响到你的自尊。倾听他人的意见，看看你能从他们身上学到什么，这是很好的，但即便如此你也要有自己的判断。寻找事物的积极面，你（和你的大脑）会获得更多快乐。

**变成自己想要的样子**

不要等着别人改变。原谅朋友或者家人，但这并不代表必须忘记和他们的争吵。向前看并不代表承认错误，这只是一个过好生活的明智选择。

**训练1**

不要再徒劳地思考过去的遗憾了，尝试用这些智力游戏来帮你摆脱日常生活中的各种烦恼吧！

完成下面这个绘图游戏，目标是让隐藏的图像显现。根据下列提示，涂黑方块：

\* 每行、每列前面的数字，按从左到右或从上到下的顺序，表明连续涂黑方块的个数。

\* 在同一行或列中，多组涂黑方块之间必须间隔至少一个空白方块。

# 第 16 天
## 失败和遗憾

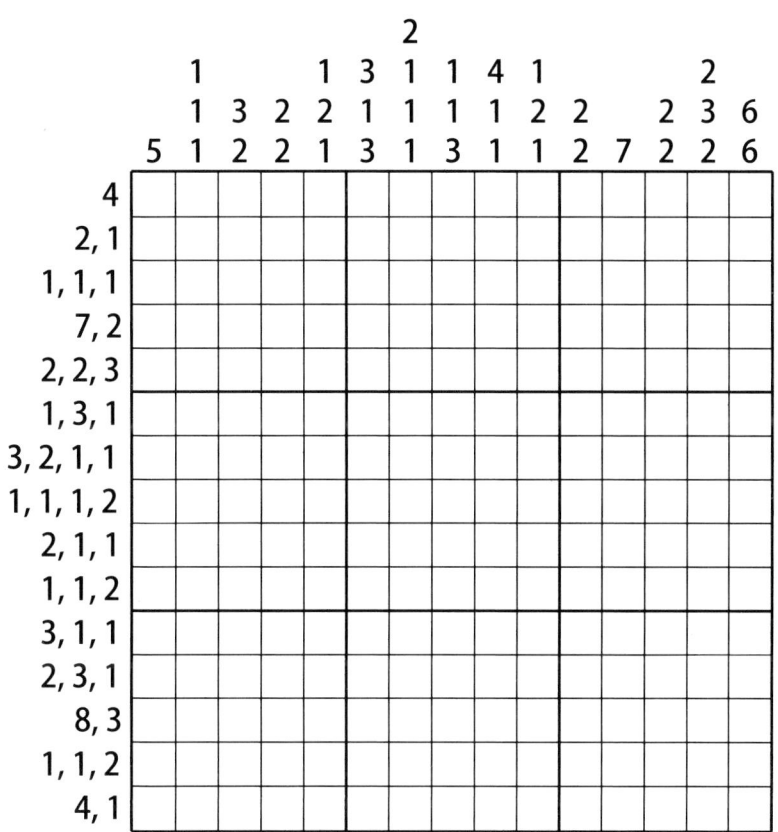

**训练2**

这是一个扫雷类的拼图游戏,把一些方块涂黑,显现一个隐藏的简单图案。与普通的扫雷游戏不一样的是,你可以把数字也涂黑。

每个数字显示周围有多少个相邻的涂黑方块,包括对角线方向和方块本身——所以最大的线索值是9。即便已经被涂黑,该方块依然遵循该规则。

| | 1 | | 3 | | 4 | 4 | | 1 |
|---|---|---|---|---|---|---|---|---|
| 1 | 2 | | 4 | | 7 | 6 | 5 | |
| 2 | | 5 | | 6 | | 5 | | 2 |
| 2 | | 5 | | | | 6 | 3 | 2 |
| | 3 | | | 5 | 5 | | 3 | |
| | 2 | 4 | | 6 | | 5 | | 3 | 2 |
| 2 | | | 3 | 4 | | 4 | 3 | 3 | |
| 3 | 4 | | 4 | | 4 | 5 | | | 3 |
| | 5 | 6 | | 6 | 5 | | 4 | 5 | 3 |
| | 1 | | 5 | | 5 | 4 | 5 | 4 | 4 |

# 第 17 天

# 了解自己的优势

最了解你的人是你自己

确认你的优势，承认你的弱点

不要让别人告诉你该怎么想

**怎么回事？**

除了你自己，没有人知道你内心的想法和欲望，所以虽然一定要听别人的建议，但最终，在你最了解的事情上，要尝试形成自己的结论。

**为什么会这样？**

其他人在科学、政治和经济方面，或者在任何基础学科上，可能都要比你聪明得多——但你是"你"的专家。所以，在需要做出对自己产生直接影响的决定时，务必自己来做。别被那些只会马后炮的人过度影响，他们不太可能和你想的完全一样。

## 第 17 天
## 了解自己的优势

# 深入了解

### 做决定

艰难的决定……好吧,不好做。你可以同其他人谈论,听听不同的观点,这都是有帮助的,但最终,你的决定应该是你自己做的。你最懂自己,而且,可以说,把选择的重担推给别人是不公平的——尤其是当这些决定最终未能如愿的时候,你就会责怪做决定的人。相反,你也不应该同意别人强迫(无论有意与否)你做自己本来不会做的决定,前提是这些决定对他们没什么影响。

### 悲观情绪

其他人可能会低估你的能力,所以你要了解自己的优势,不要让别人说服你放弃你知道自己能做的事情。这并不是鲁莽,而是相信自己,要知道,别人的意见即使表达得很真诚,也不一定适合你。

### 过度乐观

据说每个人至少需要一点乐观才能享受生活,然而这本身就是一个非常悲观的想法。尽管如此,它仍然很好地概括了这样一个事实:在做决定时保持乐观没有错。事实上,这是件好事——你绝对不想让自己注定失败!

然而，乐观主义应该与温和的现实相调和。不要用一连串极不可能的"有希望"来为自己荒唐的决定做辩护，尤其是如果这个决定会影响到其他人的话。

## 训练1

要解决这些难题，你需要做出一些决定——但幸运的是，这些决定只会关系到你是否能解决这些难题，并不会对其他事情造成任何影响。

在现有的线条上画线，把这两个图分别分成四个完全相同的拼图块。图块可能是经过旋转之后的样子，但你不能"翻转"其中任何一块。

1.

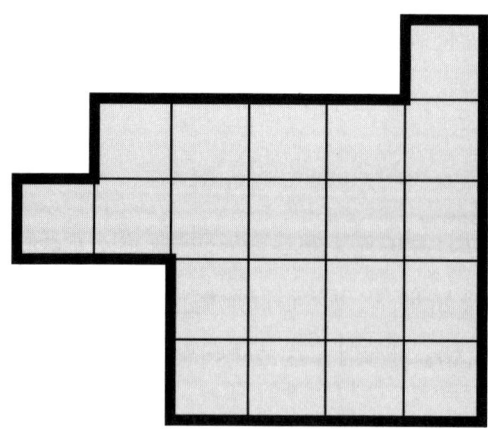

第 17 天
了解自己的优势

2.

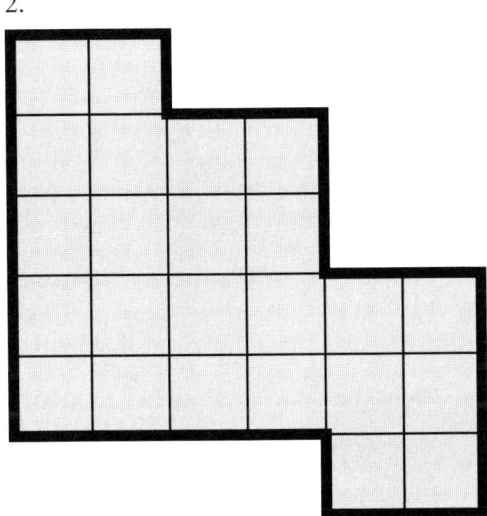

# 第 **18** 天

# 自信

其他人对你的关注没你想象得那么多

人们会夸大自己的信心和成功

不要自我防御过度

**怎么回事？**

许多人都因觉得自己不够优秀而痛苦不堪，他们要么过分担心人们对他们的看法，要么担心自己不如别人那么"出色"。

**为什么会这样？**

当登上人挤人的列车、穿过坐满人的观众席，甚至到达有很多候车乘客的车站，你都很难不去想每个人都在盯着你看，还很可能是在评判你，但他们并没有。大多数人都太关心自己的生活了，所以根本不会将太多注意力放在你身上。最好的解释可能是你并不像你想的那样有趣。同样的，其他人的生活也远没有你想的那么有趣。

# 第 18 天
## 自信

## 试 一 试

### 训练1

除非有人有特别的理由来关注你，否则你很可能根本就没有给他们留下任何印象。通过在下面这幅图片中寻找右边这颗星星，你会发现在显眼的地方隐藏起来是一件多么容易的事情。这颗星星的形状是固定的，但它的大小和摆放的角度可能发生了变化。

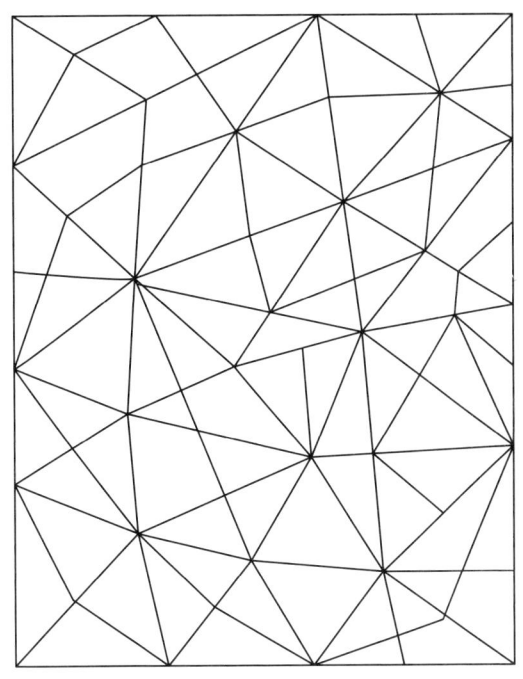

## 训练2

看看你能否通过解决这些谜题来建立自信。

完成下面两个数独游戏。在每个空格中填写一个1到5之间的数字,保证每个数字在每行和每列均只出现一次;此外,填数字的时候还要考虑到空格间的不等号要成立,箭头总是指向两个数中较小的一方。

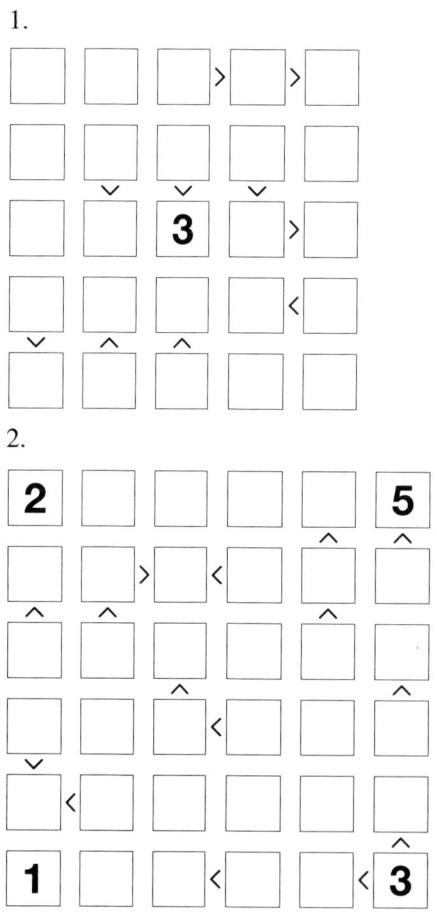

## 训练3

你能画出三条直线来分割下面的图,使分割后的每个区域里的图形都不重复吗?

1.

2.

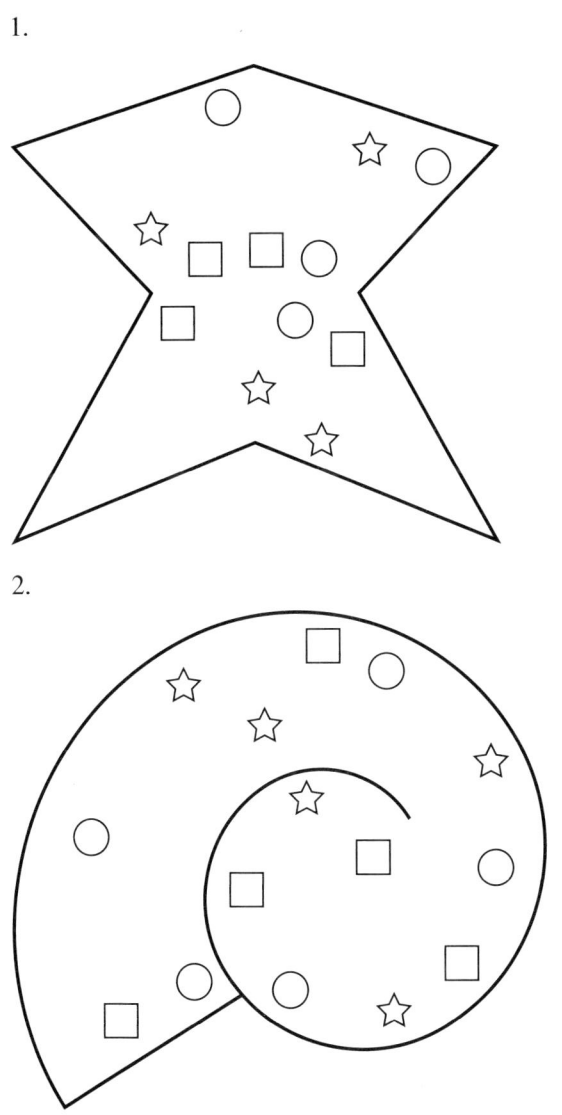

第 **19** 天

# 社交大脑

社会交往对大脑的健康很重要

想要融入人群之中是很自然的事情

与他人互动有助于解放思想

**怎么回事？**

无论你是谁，与他人的社交活动对你的大脑都很重要。我们已经逐步形成了群居的生活方式，没有正常的社会交往，生活会艰难得多。

**为什么会这样？**

社交需要你集中注意力。不倾听、不思考，以及不合理地回应，一场合适的谈话就不可能实现。社交也能帮助你缓解压力，因为和别人分担难题可以让这个难题看上去更容易解决——而且和他人交谈通常也可以让你把注意力从自己的思绪上转移。和朋友或家人共度时光至少可以让你从不得不自己做决定的担忧中暂时解脱出来。

# 试一试

## 训练1

下面有一些逻辑思维游戏和横向思维游戏,和一位或几位朋友讨论讨论,这些谜题可能会简单得多。所以你可以考虑先把它们放在一边,以后再和其他人一起尝试。

1. 前天我8岁,明年我就11岁了。这是怎么回事?

2. 用数字写出1到100之间的所有数字需要多少个"5"?

3. 我从5米高的梯子顶上直接掉到混凝土地板上却毫发无损,为什么?

4. 两个母亲和两个女儿同时各买了1条项链,然而,总共只买了3条项链。这是为什么呢?

5. 什么东西总是跑在时间后面?

## 训练2

看看你能否为这些笑话想出一些妙语,可以是你自己想的,也可以是与他人讨论的结果。

为什么土豚要过马路?

___

纸张和马厩有什么区别?

___

你怎么称呼独眼巨人?

___

红、黄、蓝聚集在一个油漆罐里聊天,它们说:

___

如果让青蛙和叶子杂交,你会得到什么?

___

# 第 **20** 天
# 巧妙互动

向他人解释事情可以产生新的认识

有时候，缺乏知识是有益的

一大群人不一定有那么大的帮助

**怎么回事？**

你在和别人交谈的时候，不得不以新的方式去思考问题。表达思想、描述问题的过程中，大脑会被迫从新的角度去应对它们，这本身就可以帮你想出新点子，或发现问题。同样的，即使有些人对某个特定的主题并不十分了解，他们依然可以帮助你激发新想法。

**为什么会这样？**

大声地解释某件事会用到不同的大脑神经回路，甚至解释有时也能激发有用的新想法。此外，向他人解释基本事实的需要有时也能帮助你发现先前的设想中没有注意到的不足。

第20天
巧妙互动

### 其他声音

即使你是某一领域的专家,与他人讨论你自己的结论和问题也是多有助益的。这样做可以激发新的想法,或者凸显错误的想法。

然而,较大的群体可能会产生相反的影响:

群体越大,某个人单独主导谈话的可能性就越大。

在较大的群体中,可能存在等级分层,导致失衡问题或者某些声音受到压制。

群体越大,就越有可能有人反对协议。

声音越多,讨论就越有可能偏离话题。

### 训练1

你最近有没有考虑过什么决定,或者尝试着解决什么问题?如果有,请简要描述一下这个问题,写在下方:

_____

现在试着大声解释一下你到目前为止考虑过的要点,如果有什么人可以一起谈谈，那就太好了，但你也可以只是自言自语。这个过程能帮助你更深入地思考吗？

**训练2**

在下图的每个空格中画一个直角、一条线段或一个交叉线段，就像图中已经给出的那样，以形成一个经过每个空格的环线。该环线只能包含水平线和垂直线。

1.

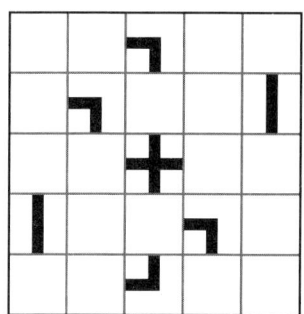

2.

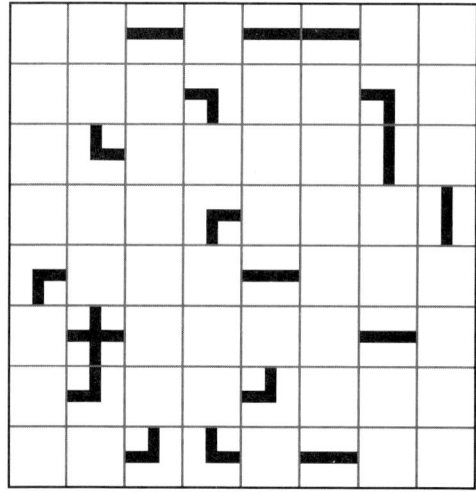

## 训练3

在每个空格中填入1到9之间的一个数字,每个数字在每行、每列和粗线围起来的九宫格中都只能出现一次。

网格外的数字必须填在相邻九宫格的同行或同列中,但不一定按照给出的顺序。

例如,顶部的"9"和"6"必须以某种方式填写在第一列的前三个空格中,而且底部的"2"必须填写在同一列的最后三个空格中的一个里。

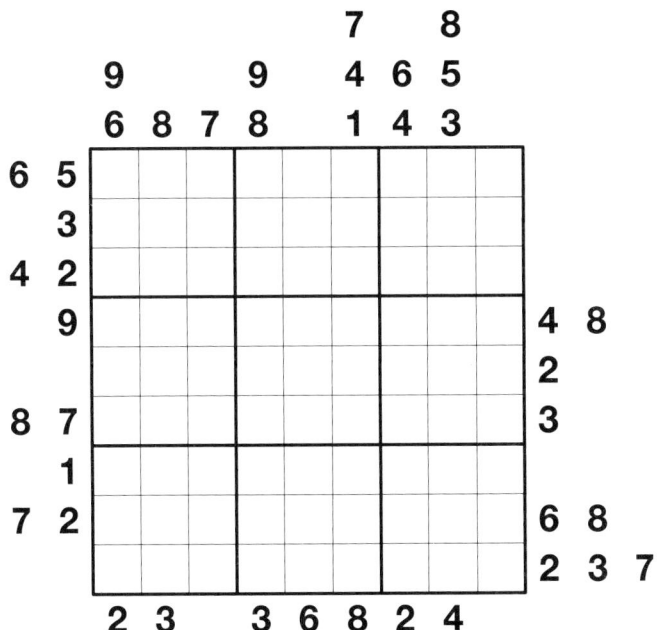

# 第 **21** 天

# 群体的无知

不要盲目地认为别人比你懂得多

群体行为并不总是理性的

要为自己考虑，不要动摇，这很重要

**怎么回事？**

团体中人们的行为往往存在差异。如果一群人都以某种特定的方式行事，我们自然会觉得必须以同样的方式行事——即使这样是不合理的。团体也会让我们怀疑自己，甚至是我们之前已经确信的事情。

**为什么会这样？**

我们当中很少有人想从人群中"脱颖而出"，所以即使不理解，我们也会模仿人们的普遍行为。假如火警响了，如果发现没人有所行动，你很可能会觉得站在原地不动比较好——即便很紧张。由于进化的本能，我们自然地认为应该与群体保持一致，但在现代社会，这些本能并不总是有益的。

## 第 21 天
## 群体的无知

# 深入了解

**群体的担心**

一个群体越大,我们越有可能假设这个群体知道自己在做什么。这也意味着,与一个群体打交道,例如做演示,可能比与个人打交道更令人不安。也许我们担心自己会因为一个错误而被戳穿,但事实上这种担心是双向的——群体中的大多数人都害怕提出困难的问题,以免暴露出自己的无知。问问题的人往往是对某一主题知之甚少的人,因此是最容易应对的。

**和群体打交道**

如果你感觉和群体打交道很困难,那么少量的准备就能有所帮助。听你说话的人不会像你一样有所准备,因此,尽管许多人倾向于怀疑自己,但事实是你可能知道的比和你谈话的人要多。如果你们在谈论某门学科,而你是这方面的专家,请记住,虽然你可能清楚哪些内容你不知道,但其他人不清楚这一点。

同样值得记住的是,当你对某件事不太了解时,更容易下定论,虽然这有点自相矛盾。所以,除非你确实知道,否则那些对某个结论或信念最有信心的人,实际上很可能是对该主题了解最少的。

最后，尽管做演讲准备总是有意义的，但你也应该注意不要准备过头。如果计划好每一个单词或句子，那么你就会给自己施加很大的压力，让自己不要丢失流畅感或忘记什么。最好只做要点笔记——除非你是照着稿子念的。

## 训练1

删除下面每个词语中字的，使每个词语只留一个字，你能列出一个新的"词语"吗？例如，街道办、钢琴、乒乓球可以依照此方法变成"道钢球"：街道办、钢琴、乒乓球

五台山、普陀山、峨眉山、九华山

王勃、杨炯、卢照邻、骆宾王

重庆、福州、杭州、南昌

## 训练2

用你的观察技巧把这六张图片分成三组，每组两张。

除了被旋转之外，每组中的两个图像应该是完全相同的。每组与另外两组都有一个很小的视觉差异。

第 21 天
群体的无知

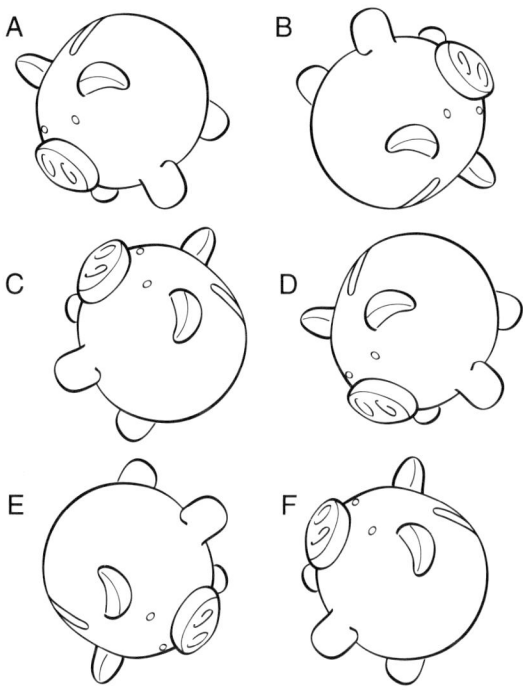

# 第 **22** 天

# 社交媒体

人们在网络上展现的常常是一种假象

别总通过和别人比较来评判自己

并不是每个人在网络上写的东西都和他们在其他地方所做的一样

**怎么回事？**

如今多数人通过社交媒体与家人、朋友保持联系，登录社交平台就可以关注他们的消息，看看他们去什么地方了，又发布了什么新动态。这样做的好处是给人一种相互关联的感觉，但缺点是让人产生一种别人都比自己过得更好、更精彩的错觉。

**为什么会这样？**

几乎没人愿意和别人分享自己的失败或失望，所以网上的帖子无可避免地一边倒，只展现一个人生活的一面。况且，这些帖子所呈现的未必真实——照片可能是"照骗"，笑话、观点等也可能是从哪里照搬过来的。书面文字所呈现的细微差别也很有限，所以社交媒体上的交谈可能会导致误解。

## 试 一 试

**训练1**

试试这些数值计算题:

1.假设你在某社交平台有200个好友,你的帖子对好友的好友可见,那么有多少人可以看到你发的帖子?假设你每个好友平均有150个好友。

2.假设你在某社交平台关注了1 000个人,其中只有50人关注了你。那么这些互粉的人占你关注的总人数的百分比是多少?

3.如果你把同一张图片放到两个社交媒体平台上,且这两个平台上有一半粉丝/好友是一样的,那么最多有多少名不同的粉丝能看到这张图片(假设你在每个平台上有100名粉丝)?假设图片对所有的粉丝/好友都是可见的,而对其他人不可见。

**训练2**

将后面这些数字中的两个或多个相加,你可以一一得出数字下面的和吗?

# 6 8 11 7 10 4

和:20 26 30 34

## 训练3

重新排列下面六幅图片,形成一个2×3的网格,里面包含一个字母。找出这个字母。不要把这些图片剪下来重组。注意:有些图片可能需要旋转。

## 第 23 天

# 说对不起

别人不会像你那样容易发现你的缺点

如果你犯了错误，道一次歉，之后不要再提起

不要老是提醒别人你做过的错事

## 怎么回事？

每当我们犯了错误，尤其是让人尴尬的错误，就很容易道歉。而且有时为了让对方明白我们确实感到抱歉，我们会再次道歉。或许是在离开的时候，或者下一次发邮件的时候，我们就会再次表达歉意。

## 为什么会这样？

如果你开会迟到了，或者犯了一个错误被别人注意到了，那就尽快道歉，但之后就不要再道歉了。为了同一个错误反复道歉，你只会让人们更好地记住这件事。一般来说，第一次道歉就已经表明你承认自己迟到了或者犯错了，这就够了。人们通常会淡忘——除非你用再次道歉来提醒他们！

# 深入了解

**指出错误**

我们比别人更容易意识到自己犯的错误。大多数人都沉浸在自己的世界里,他们不会注意到别人犯的错误。有时候他们自己犯错了,会希望"你"没有发现。所以不要不顾一切地指出自己的错误——让别人去发现吧,如果合适的话,一定要道歉。当然,在某些情况下,指出错误是很重要的,但一般来说,在生活中,贬低自己是没有好处的。

**过度道歉**

如果道歉次数过多,你就得仔细想想会发生什么——通常道歉一次就足够了。

假如你开会迟到了,然后道歉。除非你迟到得太过分,到了无法形容的地步,以至于所有人一想起你就想到你迟到了,否则对方有可能很快就会忘记你迟到这件事。然后,离开会场的时候,你再次为迟到道歉,认为这样做可以体现自己很有礼貌。但事实上,他们已经把这事忘了,因为已经过去一段时间了,你这么做只会提醒大家。等到散会了,大家却都想起你迟到了。这个故事的寓意很简单:无论如何都要道歉,但之后不要再提醒别人,这没有必要,对你也没有好处。

就此而论,切切实实道歉的时候,不要做得太过。说你很抱歉,然后翻篇儿。一般来说,没有必要大惊小怪,也没有必要说这种事再也不会发生了,或者一些类似的夸张的言论。所有这些都只会吸引更多的注意,让人们更难忘记。

## 试 一 试

### 训练1

下面这个数字飞镖盘有三圈,每圈四个数字,请分别从每个圈中选取一个数字相加得到下面的总和。

举例:从最内圈选15,中间圈选22,最外圈选12,三者相加就可以得出总和49。

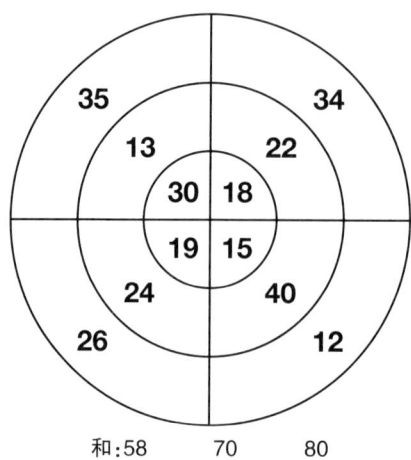

## 训练2

完成下面的数字谜。重新排列给定的数字和数学运算符,直到得到所显示的目标数为止。所有的数字和数学运算符都要用到。可以使用括号(任意个数)。例如,"3、4、5、+、×"可以这样排列得到35:(3+4)×5=35。

1. 目标数:19

2. 目标数:173

# 第 **24** 天

# 集体记忆

人们对成功的记忆比失败的记忆多得多

冒险的人看上去很勇敢

而小心谨慎的人却显得懦弱

**怎么回事？**

鲁莽的行为往往显得大胆勇敢，而不会显露出它本来的粗鲁和愚蠢，相反，谨慎妥帖的决定似乎是懦弱的，体现不出它本身的明智。这是人类行为一个不幸的特点。

**为什么会这样？**

你大概可以想到几位有名的政治家，他们似乎既寡廉鲜耻又能力欠佳，但却大权在握。这是为何？这是因为他们都有意或无意地利用了人们自我选择的力量，让人们只把注意力放在他们最喜欢的特点和结果上。而人们常会选择相信自己所喜欢的那部分特点就是"真实的自己"。

# 深入了解

### 要勇敢

商界最成功的人往往是最敢于冒险的人,甚至是鲁莽的人。我们总是容易记住一个人的成功而忽略他的失败,所以当一个人不断地在失败中做出最佳选择而取得成功时,往往会被称赞是一个有远见的人。他不管亏损过多少次投资者的钱,都会被视为是有可能带来进一步成功的人。

虽然鲁莽行事通常是不明智的,但在生活中,有时也有必要至少像别人那样做几次。不要把注意力集中在你提出的计划中的问题上,也不要指出以前出现过什么问题。其他人可能不会指出他们竞争方案中的缺陷,所以你会因为人类的心理而被淘汰出局。如果你想在工作中获得晋升,就把注意力放在你的成就上,讲一讲你下一步想做什么,不要老是说当下的事情,也不要害怕提出重大改变。

### 简单的解决办法

人们很容易相信生活中存在一些简单的解决办法,而人类的心理会诱使我们去接受那些声称能提供这些方法的人。例如,如果你曾经相信可以通过进食或饮用某些特定的食物来"排毒",那么你就被误导了。整个行业的存在都是为了销售保健产品和美容产品,这些产品听上去很科学,但实际上并没有科学依据。它们听起来很好,而且人们信任它们的意愿是如此的强烈,以至于会因为他们认为的好处而称赞它们——即使这些好处是不存在的。我们专注于我们赞同并选择相信的事情,视其他意见是错误的或是恶意中伤。

训练1

你能在每个空砖块上写一个数值来完成这两个数字金字塔吗?每块砖的值应等于其正下方的两块砖上的数值之和。

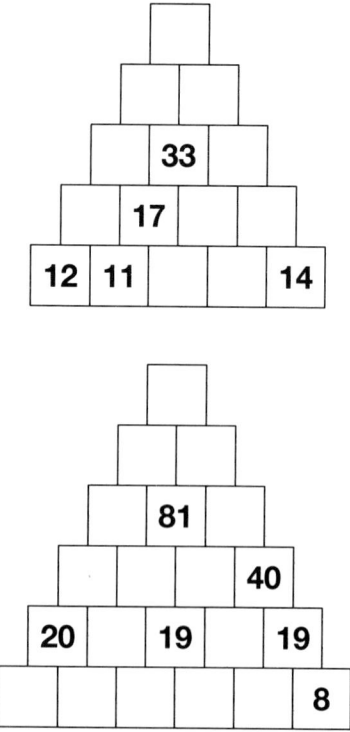

第 **25** 天

# 与他人的关系

我们并不总能准确地说出自己的意图和听到的话

与他人交谈时很容易意见相左

指望他人改变不是明智之举

## 怎么回事？

与他人的关系，特别是亲密的关系，可能是很考验人的。每个人都是不一样的，但我们会倾向于把自己的假设强加到他人身上。并不是每个人都和我们想的一样，也不是每个人的经历都和我们的一样。

## 为什么会这样？

据说，熟悉感会滋生轻视，你和一个人相处的时间越长，对他的宽容就越少。随着时间的推移，最初的小麻烦会让人越来越容易生气，这是人类的天性。而且，指望其他人做出重大改变是不现实的。这就导致人际关系存在内置的失效日期，最终，所有累积起来的烦恼、不满和分歧加到一起盖过了正面的情绪。

## 第 25 天
与他人的关系

# 深入了解

**关注失败**

昨天我们研究了一个人类共同的特点,就是我们倾向于记住成功、忘记失败。然而,在人际关系中,我们的反应恰恰相反。我们会抓着问题和缺点不放,却忘掉我们和别人一起度过的美好时光。

当然,人际关系中可能会有一些严重的问题,这些问题必须解决——很可能是通过避免所有进一步的接触。但是,对于日常生活中的分歧,很多导致人们意见不合的原因追根究底都是误解。也许一个粗心大意、不假思索的决定会被认为是经过深思熟虑的,而不是简单的考虑不周,这样就更难修复关系。或者,在对话中,两个人可能有不同的打算却没有意识到这一点,这导致双方对对话内容产生根本分歧,而且都认为错在对方。

所有这些都说明,如果一段关系严重地一边倒,那么它就不是一段好关系。有平衡感的人很难接受专横霸道的行为。人的个性不太可能发生太大的改变,所以不要等待永远不会到来的改变。

**沟通偏差**

有时我们会听错话,或者相反,人们会误会我们的话。但是,在人际关系中,沟通偏差会产生更大的影响。有些人喜欢赠送或接受礼物作为友谊的象征,然而这对对方来说可能没有同样的意义。其他一些人们没有意识到但他们的期望却有分歧的情况有:在一起的时长、互相帮助了多少、给予或受到对方多少赞扬,还有与身体接触有关的问题。

# 试 一 试

训练1

在每个虚线框中画一个箭头,箭头可以指向上、下、左、右或四个主要的对角线方向。

下面两个题目中,每个数字代表指向它的箭头总数。

1.

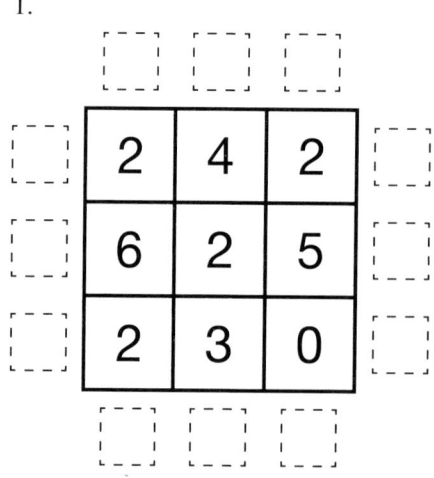

2.

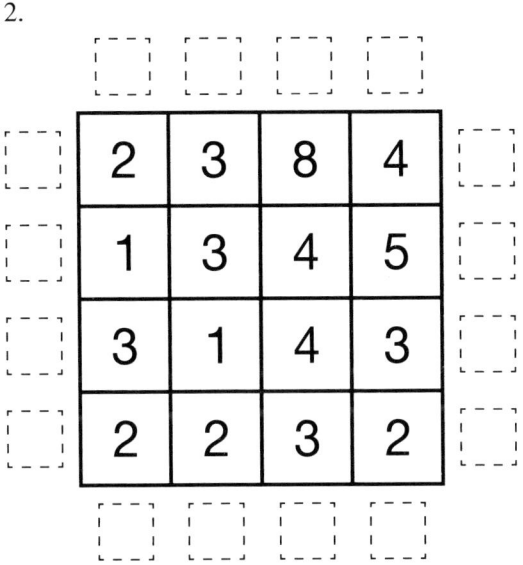

**训练2**

在空格间画一条环线，只能在方块之间水平或垂直前进，不能重复进入同一个方块，因此也不能产生交叉。

每个数字表明该环线通过与之相邻方块的数量，包括对角线方向。

1.

|   | 3 |   |   | 5 |   |   |
|---|---|---|---|---|---|---|
|   |   |   |   |   |   |   |
|   |   |   |   |   |   |   |
|   |   | 7 |   | 7 |   |   |
|   |   |   |   |   |   |   |
|   | 3 |   |   | 3 |   |   |

2.

|   | 3 |   | 4 |   |   |   | 2 |
|---|---|---|---|---|---|---|---|
|   |   |   |   |   |   |   |   |
|   |   |   |   |   |   | 3 |   |
| 4 |   | 6 |   |   |   |   | 2 |
|   |   |   |   | 7 |   |   |   |
|   |   |   |   |   | 7 |   |   |
|   |   | 7 |   |   |   |   |   |
|   |   |   |   |   |   | 3 |   |

第 **26** 天

# 猜一猜

孩子在尝试中学习，大人也可以

害怕失败可能阻挡我们尝试的脚步

你不尝试，就永远不可能知道自己能做什么

**怎么回事？**

婴儿学走路的时候，会不断进行身体尝试，从不害怕摔倒；接着，他慢慢长大，却越来越不敢尝试全新的事物，可能是出于对失败的恐惧；最后，人到晚年，多数人会把自己装在思维的套子里，不再相信自己还能学会新东西。

**为什么会这样？**

人们很容易止于现状，轻松地过着几十年如一日的生活，因为这种生活会让人产生一种安全感——人们知道自己在做什么。但事实上，大脑学习的速度快得惊人，能够及时发现新模式然后进行推论。所以，大脑能迅速适应新环境，那些乍看上去极其艰难的事情，可能很快就会变得完全可控。

# 深入了解

### 第一步

猜测是"开始"进行一个项目或解决一个问题的好策略。这听起来可能很奇怪,但是如果你不知道该做什么,那就从某个地方开始吧,这总比坐着不动要好。只要不会造成什么不可挽回的损失,你怎么开始的并没有那么重要。

仅仅是假装开始就能帮助你克服惰性问题。更重要的是,即使你最初的猜测(或建议)被证明是错误的,在这个过程中你仍然会学到一些东西。理解它行不通的原因能让你深入了解潜在的任务或问题。大多数情况下,在尝试与失败中,你会比只试一次学得更快。

### 从智力游戏开始

你可以在这本书中的智力游戏中使用这种技巧。其中一些问题可能看起来非常复杂,难以解决,但事实是,如果你先猜一下,那么很快就能解决它。理解这种猜测是否符合游戏的规则可以让题目说明更加具体,弄清楚符合的原因——或者不符合的原因——你就离解决方案更近了一步,同时你的大脑也开始了解这道题目逻辑的来龙去脉。

并不是所有的猜测都特别有用,如果第一个猜测没什么用,那就做第二个,然后第三个。不断尝试,如果陷入僵局,就再回头仔细考虑考虑题目,看看你的解决方案有什么问题。也许你只需要在某个地方进行一些小的调整,一切就都可以解决了。

## 训练1

迷宫是经典的智力游戏,所以先从这个圆形迷宫开始训练吧。

目标很简单:从顶部进入迷宫,从底部出来。

# 第 26 天
## 猜一猜

### 训练2

在下面的两个图中画一些相互独立的路径,每条路径连接一对相同的数字。一个小方格最多只能经过一条路径,并且路径只能在各个正方形的中心之间水平移动或垂直移动。

1.

| 1 | 2 |   |   |   |   |
|---|---|---|---|---|---|
|   |   | 3 |   | 1 |   |
| 4 |   |   |   |   |   |
|   |   |   |   | 5 |   |
|   |   | 3 |   | 2 |   |
|   |   |   |   |   |   |
|   |   |   | 4 | 5 |   |

2.

|   |   |   | 1 |   |   |   |   |
|---|---|---|---|---|---|---|---|
|   | 2 |   |   |   |   | 3 |   |
|   |   |   | 4 |   |   |   |   |
|   | 5 |   |   |   |   |   |   |
|   |   |   | 6 | 7 |   | 8 |   |
|   |   |   |   |   |   | 4 |   |
|   |   |   |   | 7 |   |   |   |
|   |   |   |   |   |   | 1 | 8 |
|   |   | 5 |   | 2 |   | 6 |   |
|   |   |   |   |   | 3 |   |   |

### 训练3

根据线索找到网格中隐藏的一条蛇:

*某些行/列前面的数字表明蛇在该行/列中占据的方格数。

*蛇是一条由阴影方块组成的连续路径,在任何一点都不会碰到自己,包括对角线方向(除了拐弯处)。请参阅下面的示例,了解规则。

*蛇的起点和终点已经给出。

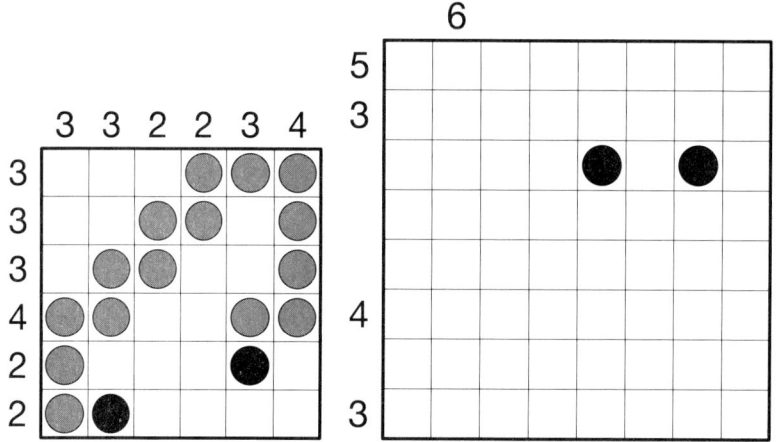

训练4

将数字1至9分别填入下面两个九宫格中:

由白点分隔的数字是连续的,例如:2和3,7和8。

由黑点隔开的数,其中一个的值是另一个的两倍,如:2和4,3和6。

没有用点分隔的数字不能是连续的,也不能存在二倍关系。

1和2,如果接触,由黑点或白点隔开均可。

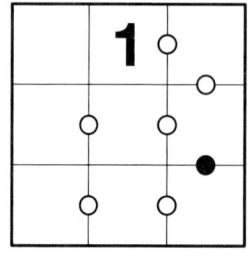 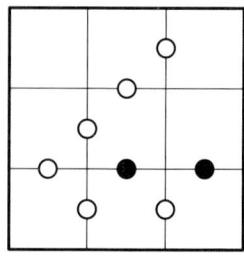

# 第 **27** 天

# 自动反应

大脑是层状结构的，可以及时回顾

你的大脑无法有意识地控制所有的事

身体的许多核心进程都是自动的

## 怎么回事？

你无法完全控制自己的身体。你可以短时间屏住呼吸，但却无法强迫自己不呼吸；你可能明白自己已经吃够了，但却无法让身体忽略饥饿感；你可能知道身体受伤了，但却无法让身体不疼痛。

## 为什么会这样？

大脑是层状的，最新进化的结构处于上层，而更古老、更原始的在下层。它协调肌肉的运动，允许你做"我想把手移动到那里"之类的，而不是担心每一个肌肉单独的运动。它还要应对诸如饥饿、口渴、痛苦等关键信号。

# 深入了解

### 自我否定

某些人和其他动物共有的行为，比如面临突如其来的极度危险或极度混乱，人和动物都会停止不动，这在我们的现代生活中可能没有什么用处。如果你被困在路中间，而一辆车正朝你驶来，那么停止不动可能不是最佳反应。而且，正如我们已经看到的那样，你模仿他人的从众本能可能会使你做出违背自己的直觉的愚蠢决定。

### 虚假的紧迫感

有时候大脑会误导我们。我们认为最好在我们能吃东西的时候就吃，即使我们知道之后还有机会吃，或者还有其他东西可以吃。当我们很容易获得现成的食物时，那些旨在帮我们度过困难时期的原始反应对我们就没什么好处了。

商店的促销也利用了类似的反应。商家会制造一种虚假的紧迫感——最好趁着现在便宜赶紧买，或者最好在它销售一空之前赶紧买——促使你做出决定，而如果你花时间冷静下来，思考一番，可能就不会买了。

## 质疑你的判断

随着年龄的增长,你会获取一定的经验——总的来说——可以帮你做出比以往更明智的决定。基于此,你应该花些时间思考一下现在你认为不对的那些决定。如果它们是凭直觉做的,那你的直觉是怎么让你失望的呢?接着,在将来,你可以继续寻找类似的误导性结论。

### 训练1

试试这些光学错觉图,看看你能否在视觉系统中发现自动反应!

首先,右侧的五条线中哪一条是左侧直线的延伸?

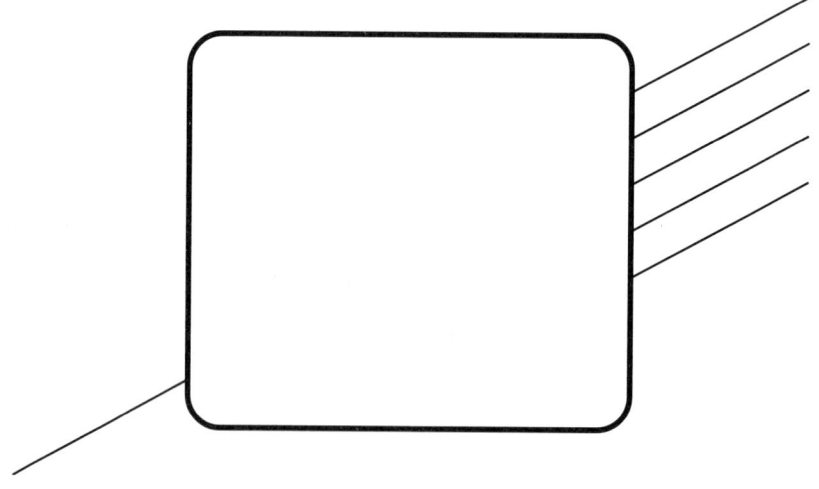

### 训练 2

这两条水平线是直的,还是弯曲的?

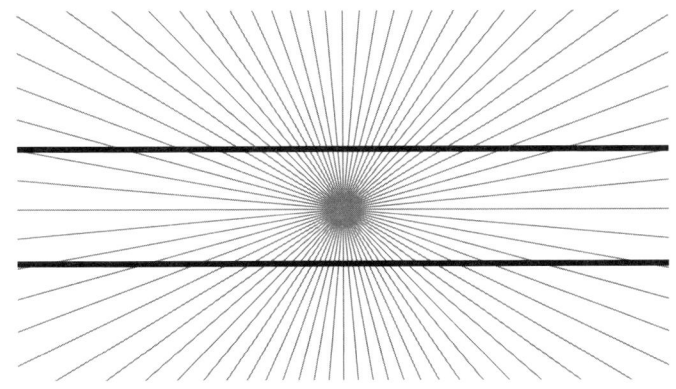

### 训练 3

你看到的是一个有一些空隙的直线网格,还是一个被一些白色圆圈覆盖的网格?

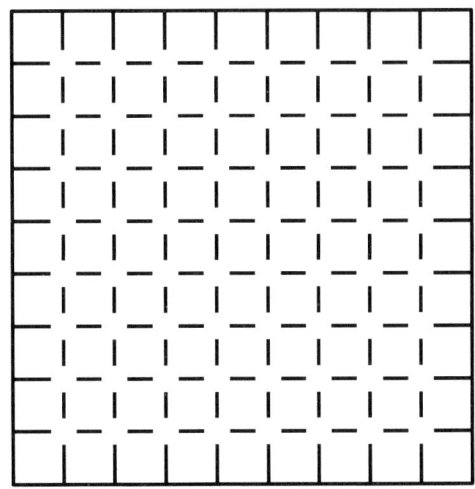

训练4

下面是三个不同的圆圈的一部分。如果你能看到每个圆圈的其余部分，那么它们的大小是否相同？

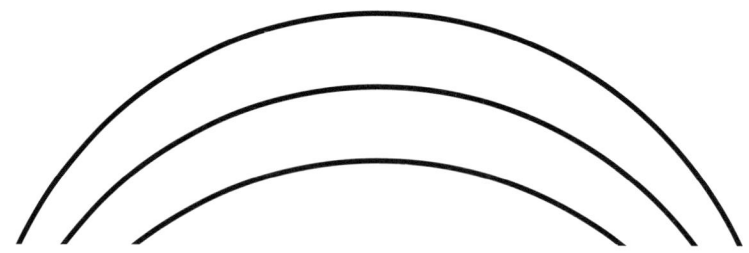

# 第 28 天

# 意识思维

你的很多想法你自己都意识不到

大脑在睡觉的过程中可以继续思考

以不同形式表达事物有助于打开思维

**怎么回事？**

你只能有意识地察觉到小部分大脑中发生的事情。毕竟，你所说的话是从哪里来的呢，只是在脑海和嘴里像魔法一样出现的吗？你一边刷牙一边阅读会怎么样呢？

**为什么会这样？**

你有没有发现自己可以意外地提出一些想法，或者解决之前想过的问题？如果曾经有过，你要感谢你的潜意识。你一次只能有意识地思考一件事，但这并不会阻止大脑其他部分继续工作。特别是，你睡觉的时候，大脑还非常忙碌，忙着了解过去一天发生的事情、思考解决问题的新方法。

## 深入了解

### 自动行为（无意识行为）

你反复进行的身体行为至少会变成半自动的。你就是这样学会走路、骑自行车和开车的。刚开始开车时，你必须专注于手和脚的每一个动作，但开车这个行为很快就变成了老习惯——到了这样的程度，也许在走完一条常走的路线之后，你会突然意识到自己好像是在自动驾驶！

这些习得的身体技能对我们的生活至关重要，但真正令人惊讶的是，大脑拥有更高的能力，可以在没有意识参与的情况下仍继续工作。一些科学家形容大脑的思想是闭合回路，可以在人没有意识到的情况下持续工作。

### 睡觉

睡觉期间可能是意识休息的时间，但是无意识活动在睡觉的时候和平常一样忙碌。它会快速浏览白天发生的事情，归档记忆，理解你所经历的一切。睡眠在记忆储存方面的作用如此重要，所以如果你打算记忆资料，就应该特别注意，确保不要过多地影响睡眠。

在醒来后的几个小时里，你可能会发现自己在熟睡时，脑子里突然冒出了——貌似自发的——一些新想法或结论。如果有人让你"带着它去睡觉吧",他不仅仅是在告诉你从容一些,同时也给你提供了宝贵的建议,告诉你怎样才能更好地利用大脑的力量。

## 试 一 试

**训练1**

试试这些谜题。如果被卡住了,为什么不把它们留到第二天——或几个小时之后——再做,看看那个时候会有什么进展呢?

你能列出多少个夏季奥运会主办国?看看你能不能按年份填写:

1992:_____
1996:_____
2000:_____
2004:_____
2008:_____
2012:_____
2016:_____

## 第28天 意识思维

**训练2**

现在看看你能列出多少位美国近代的总统。他们任职的时间已经写在每一行的开头：

1969—1974:_____

1974—1977:_____

1977—1981:_____

1981—1989:_____

1989—1993:_____

1993—2001:_____

2001—2009:_____

2009—2017:_____

# 第 **29** 天
# 似乎充满意义

巧合出奇的"普遍"

大脑喜欢识别模式,哪怕是在根本没有模式的地方

尽量避免仓促地做出错误结论

**怎么回事？**

大脑是个厉害的模式识别机器。它能发现同时发生或按顺序发生的事情，给你机会去弄清楚发生了什么，同时也了解这个世界。不幸的是，大脑还会发现根本不存在的模式。

**为什么会这样？**

识别模式可以让大脑给你快速、准确的信息。迅速认出人脸、注意到闪电是在雷声之后不久出现的，这些信息都是有用的。但是，大脑也会发现根本不存在的模式，例如掷硬币的时候或在偶然事件中。

# 第29天
似乎充满意义

# 深入了解

## "打折"的巧合

当你想到一个朋友时,他突然就联系你了。或者你谈论了一个地方,然后那天晚些时候就在广播里听到有人提到了它。也或者在商店和你聊天的某个人竟然和你同一天生日。

这些巧合令人印象深刻,所以你的大脑很重视它们——它们一定有什么意义。但事实是,你只是注意到了巧合而已。多数时候,当你想到一个朋友,他并没有马上给你打电话——所以,比起其他时候接到他的电话,你为什么要更重视他在这个时刻的来电呢?同样的解释也适用于大多数巧合。

## 推断成功

如果你尝试了某件有风险的事情,并且成功了,这就很容易让你相信,如果再尝试一次,还会成功。你的大脑几乎马上就开始高估你的技能了,从而引发了一种错误的确定感。令人惊讶的是,即使你失败了,这种虚假的安全感也会持续存在。因为,你会把成功归因于技巧,而把失败归因于运气不好。

人类心理中有很多倾向于乐观地看待世界的偏见,这就是其中之一。如果没有这种偏见，我们就很难遍布全球——因为待在原地比尝试新东西安全多了。积极的偏见确实没有什么错——事实上，只要不过度，它通常是可取的。如果你意识到了它，那么在做决定时就可以把它考虑进去，前提是它和你的决定确有关联。

训练1

你有没有见过奇怪的缩略语，且没办法确定它们代表什么，像TLDR、WYSIWYG等？好吧，现在是时候制造你自己的缩略语了！

你认为以下每一个缩略词代表什么？没有标准答案。

EUDG

TASA

WHOOP

NONO

ROBOTT

TEAPOT

SLUDGE

# 第 **30** 天

# 意外

意外发生的时候往往很难应对

但是为未来的事情做好计划可以让大脑有所准备

危机降临,保持专注关系重大

## 怎么回事？

有时,发生的事情会超出我们的经验或期望。如果这些事情置我们于危险之中,或以某种方式对我们造成威胁,那么我们通常做出的反应都不太理性。恐惧会压倒我们,让我们感到无助,导致我们无法采取行动让自己脱离危险,不论是现实意义的危险还是想象的。

## 为什么会这样？

大脑具备应对危险的内置的行为模式。血液中的肾上腺素会迅速增加,心跳会加快。你对时间的感觉可能会发生变化,所以事情的进展似乎变慢了。同时,体内的原始动物行为也有可能跑出来,你便无法使用更高级的人类技能。

# 深入了解

**准备对策**

你不能一辈子都为可能发生的事情而担忧,但可以花几分钟时间思考一下,如果家里着火了,或者把自己锁在门外却没带钥匙,这时候该做些什么。你清楚地知道在这些情况下你会怎么做吗?如果不知道,那么你应该仔细考虑一下。这样的话,若这些事情真的发生了,你就可以采取理智的行动,就没带钥匙来说,可以提前准备备用钥匙。

虽然听上去有些病态,但是很有必要考虑一下如果危险降临,你该怎么做。你要是提前思考过,你的意识就会有所准备,所以如果有类似事件发生,你就能更好、更理智地应对。

在现实生活中的创伤性事件中,人们有时似乎瘫痪了,无法移动。他们只是被吓得僵在原地,因为他们的大脑受到的刺激太强大,难以处理。为了防止这种情况发生,考虑一下如果你陷入类似事件会做些什么。务必让你的大脑做一些初步的思考,这样当你在现实生活中遇到此类情况,大脑就有更多机会做出明智的反应。准备工作不需要过于复杂,只是简单想想你的第一反应会是什么,比如逃跑。

### 令人意外的他人

其他人也会做一些出乎意料的事情,包括没有意义的事情,甚至对他们自己来说没什么意义的事情。因此,好好思考一下在紧急情况下,你该如何与他人相处,这也是明智之举。在极端情况下,人们不会理性行事,他们的行为会危及你。

## 试 一 试

### 训练1

想想看,哪些情况有必要提前做准备:

1. _____

2. _____

3. _____

现在为每一种情况做一个简单的计划:

1. _____

2. _____

# 第30天
意外

3. _____

_____

**训练2**

在每个空格中填入一个1到9之间的数字，完成这个有难度的数独游戏。要求：每行、每列或粗线条围起来的3×3的九宫格中都不能出现重复数字。

跟以前不一样的是，每个涂黑方块（不能填写数字）可以代表它所在的行、列和九宫格中所缺失的数字。

|   |   |   |   |   |   |   |   |   |
|---|---|---|---|---|---|---|---|---|
| 1 |   |   | 7 | 4 | 6 |   | ■ | 3 |
|   | 2 | 3 | ■ |   |   | 8 |   |   |
|   | 3 | ■ |   |   |   | 9 | 4 | 1 |
| 2 |   | 3 | ■ |   | 1 |   | 7 | 6 |
| 9 | 1 |   |   |   |   |   | 2 | ■ |
| 6 | ■ |   | 8 |   | 2 | 5 |   | 1 |
|   | 8 | 1 | 6 |   |   | ■ | 9 |   |
| ■ |   | 9 |   | 2 | 4 | 1 |   |   |
| 3 |   |   |   | 1 | 9 | ■ |   | 4 |

# 第 31 天

# 预期偏见

我们总是做出有偏见的决定

我们倾向于相信我们希望是事实的事情

大脑使用的简单规则可能会误导你

## 怎么回事？

大多数人认为自己有能力做出公平公正的决定。但现实是，大脑会把我们推向我们希望发生的事情或有所怀疑的事情。我们有时还会根据大脑使用的简单规则，"感觉"事情肯定是对的——但有可能是错误的。

## 为什么会这样？

我们经常需要快速做出决定，所以大脑已经进化到允许我们这样做了，这就意味着我们会对几乎所有的事情都做出草率的判断。这些引导我们思维进程的本能感觉是有益处的，但如果我们没有意识到它们的出现，那么它们有时也会严重误导我们。

## 深入了解

### 偏见的类型

偏见有很多种类型，每一种都会影响我们的期望。其中包括：

我们认为群体比个人正确的可能性更大。

我们对概率的估计很差。

我们仍然认为未来的事件会受到过去事件的影响，即使它们之间明显没有关联。

我们相信符合我们期望的特定事件更有可能发生。

我们会忽视与我们的信念相矛盾的信息。

我们相信我们本可以预测过去的事件，即使实际上我们并不能预测。

某件事我们听到的次数越多，它在我们看来就越有可能是真的。

我们乐于从少量信息推出一般性结论。

我们很容易忽视与我们的信仰相矛盾的信息。

我们把对某个群体的刻板印象加诸群体中的个人身上。

### 应对偏见

偏见是非常难应对的，因为我们甚至没有意识到自己心存偏见。我们所能做的就是尽量避免在某些领域做出仓促的决定，在这些领域，我们很清楚大脑会不恰当地走捷径。

有一个领域，我们的估计在那里尤为没用，就是在面对概率问题的时候——正如许多赌徒所发现的那样。

### 数字的巧合

如果一个房间里有23个人，那么多半有2个人生日相同。这听起来似乎不太可能，但那只是因为你的大脑只想着你和别人同一天生日的可能性，而这个可能性要小得多。在这个想象的房间里，有23个人可能和另外22个人同一天生日，共有250多种可能的配对。考虑到这个数字，现在看来，这250对中可能有一对是同一天生日的可能性要大得多。所以我们最初的估计完全是错误的。

### 毫无关联的事件

我们还把看上去和我们有关联的事件联系在一起，即使理性告诉我们它们和我们毫无联系。例如，如果你会抛很多次硬币，在那之前你可以预计出现正面和反面的次数大致相等。但是，这个看似合理的预计，通常会让我们得出错误的结论：过去发生的事情可以影响未来。如果一连出现了5个正面，我们就会觉得下一次很可能是反面。但事实是，无论之前发生了什么，硬币下一次正面向上或反面向上的概率仍然完全相同。

# 试 一 试

### 训练1

看看下面的形状组合。数一数,共有多少个大小不一的矩形?肯定比你想象得要多,比如,要算上包括所有矩形的那个大矩形。

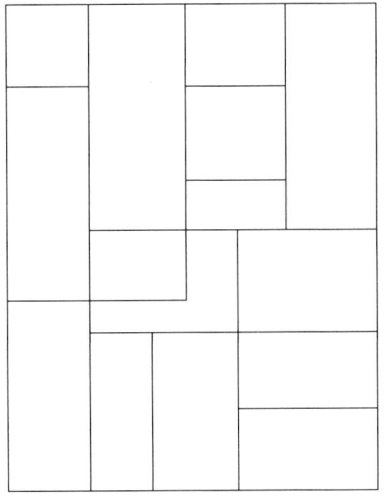

### 训练2

在空格中填入一个从1到8之间的数字,每行、每列不得出现重复数字。

四个方格之间的某些交点上写着四个小数字,这四个数字必须填写在这四个相邻的方格里,顺序根据情况而定。

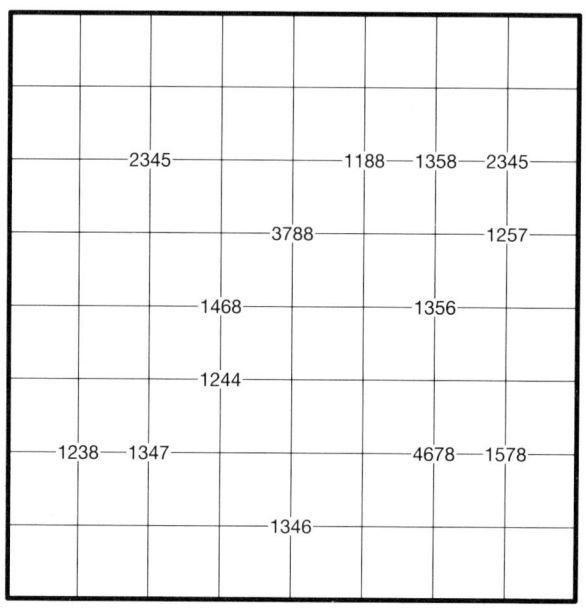

## 训练3

假设你有一个5×4×4大小的长方体,如右图所示,现在拿走其中的一些小立方体。假设空中没有漂浮的立方体,那么下面的每张图中还各剩下多少个立方体?

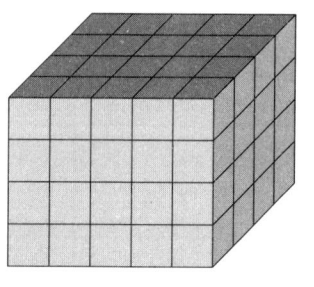

1. 2.

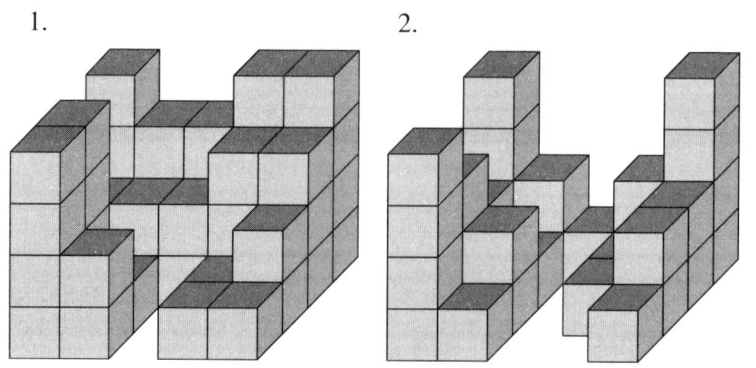

# 第 **32** 天

# 估算数量

会检查账单,发现"真正的"便宜货

现实世界的数学与学校的完全不同

利用你与生俱来的数学能力

## 怎么回事？

如果"数学"让你想到的是代数、长除法和学校里的测试，那么你就错了。教育中的数学通常更关心数字的准确性，而日常的数学往往要轻松得多。即便是没有数学头脑的人也能学会合理地估算数量，以改善生活。

## 为什么会这样？

数字随处可见，但奇怪的是，在许多西方文化中，人们声称自己处理不了数字是可以被接受的。真相是你拥有可以利用的天生的数字计算技能。你可以利用这些技能来避免在餐厅买单时被敲竹杠，或者更好地了解某件商品是否真的划算。

建议用时：**10**分钟

# 试 一 试

**训练1**

看下面这些形状。你认为哪种形状最多？哪种最少？不要一个一个地数，用直觉判断。

完成了吗？先把你的答案记下来，下一页就要讨论了。

### 训练2

现在咱们来尝试一个有关数字的练习。看下面这些数字,猜一猜它们相加的和是多少。快速看一眼——不要长时间思考。

## 22  17  21  19

现在把你的答案四舍五入到最近的十位数,比如60、70、80等等。

### 估算的问题

你得到的训练2的答案是多少?把这四个数字加起来可能让你感觉很有挑战性,你估计的和是80吗?稍加练习,你会发现每个数字大约是20,用20乘以4计算起来可就简单得多了。

回到训练1,答案是正方形最多、三角形最少。准确地说,有9个正方形、5个三角形和7个圆形。根据你的清醒程度,你很可能一眼就能分辨出哪些形状最多,哪些最少——无须一个一个去数。我们经常可以做出合理的粗略估算,而且只要稍加练习,估算也会变得相对容易。

因此,数字并不一定需要很多仔细的思考。现实生活中,我们通常只需要合理地估计数字。我们去商店结账时,或者在餐厅买单时,能够知道总价是否大致正确是件好事。

**训练 3**

现在试着估算这七个数字相乘的结果。

# 1 3 5 6 7 8 8

你估算出结果了吗？现在估算一下接下来的七个数字相乘的结果。

# 8 7 6 6 5 4 1

这两道题估计完了吗？

虽然你所乘的这两组七个数字的最终结果是完全一样的，但我们还是很容易凭感觉猜测第二个序列相乘的结果会比第一个大。这是因为我们被这一行前面比较大的几个数字误导了。

值得注意的是，尽管这两个结果是相同的，我们仍然"感觉"第一个计算的结果应该比第二个小。看看，你的认知偏见有多顽固！

**训练 4**

现在没有难题了，只有一个简单的数学练习。

估算一下下面这六个数字相加的结果：

**32  48  88**

**75  32  95**

# 第 33 天

# 心算

靠记忆计算会很难

不断练习，你就会习惯心算

但是在大脑中计算数字是一项有用的技能

**怎么回事？**

并非所有的计算都能轻易地被估计出来，所以提高心算能力可以在不适合使用计算器的情况下帮助我们。然而，许多人这方面的练习做得太少，所以在处理比几个数字相加复杂的计算时，都会感到吃力。

**为什么会这样？**

如果大脑进行的计算不止一个，那么心算的过程包括记住一个计算的结果，以及在下一个运算中使用这个结果。这有点像链式运算。因为我们很少练习以这种方式使用记忆，所以这些计算一开始看起来似乎极具挑战。

# 试一试

## 算术头脑

有些人的心算能力惊人,但不在我们的讨论范畴。我们所讨论的是在不搞错中间值的情况下完成一系列计算的能力。

心算要求你充分利用自己的短期记忆——只能存储几个项目不超过30秒时间。因为我们已经习惯了把东西写下来,或者用计算器,所以不经常练习这个技能。因此,当我们尝试心算的时候,会发现它比我们想象的要困难得多。

幸运的是,只要稍加练习就能产生很大的效果,所以你可以在几天内尝试几次以下训练,看看是否开始觉得它们变得容易一些了。

### 训练1

看这三个数字,如果你认为记住了,就把它们盖起来,读下面的文字:

现在,把上面的数字继续遮着,以下四个数字中的哪一个可以通过刚才记忆的数字中的两个相加得到?

**31　35　38　43**

训练2

训练1的练习做得怎么样？你在第一次尝试时，会感觉它很难，但是只要不断练习，就会觉得它变得容易一些了。

尝试记住下面几组数字，一次一组。记住它们之后，把它们遮起来，看看你能得出它下面哪个相应的和？尽量不要提前看和是几。

1. **7　9　6**

2. **11　13　18**

3. **6　17　21**

4. **31　42　50**

下面这些数字对应上方同一题号的数字。如果你逃避在本书上作答这项练习，可以在未来的几天内重复一遍，看看是否觉得它变容易些了。

1. **15　18　21**

2. 25　29　33
3. 22　38　32
4. 74　83　92

## 训练3

看看你是否可以不做任何笔记就能解出这些链式运算,请使用心算。

从每条链的左边开始,按照箭头所示的顺序进行这些运算,直到到达链的末尾为止,结果是多少?

1. 29 〉+9 〉+50% 〉÷3 〉+63 〉−20 〉结果

2. 14 〉−50% 〉+18 〉÷5 〉×2 〉−70% 〉结果

3. 29 〉×3 〉×2/3 〉+18 〉×1/2 〉−50% 〉结果

4. 27 〉×1/3 〉√ 〉×7 〉−11 〉×1/2 〉结果

5. 45 〉−35 〉−30% 〉+36 〉−4 〉+56 〉结果

## 训练4

完成这些算术数独。在每一行和每一列中分别填入1到6之间的数字,每个数字不得重复出现;每一个粗线框左上角代表了该粗线框内数字的运算法则以及计算结果。举例,如果一个粗线框左上角写的是"3+",那么这个框里的数字之和为3。对于减法和除法,从框内的最大值开始,然后减去或除以其余的值。

1.

| 12× | | 16+ | | | 3+ |
|---|---|---|---|---|---|
| 11+ | | 12× | 5+ | | |
| 3+ | | | | 11+ | |
| 24× | | 1− | 5+ | 5+ | |
| 3− | 36× | | | 8+ | |
| | | | | 5+ | |

2.

| 9+ | | 6× | | 8× | 30× |
|---|---|---|---|---|---|
| 1÷ | | 4− | 96× | | |
| | | | | | |
| 432× | | | 4− | 8+ | |
| 2÷ | 20× | | | 54× | |
| | | 2− | | | |

第 **34** 天

# 买家的懊悔

- 商家和销售人员会制造一种虚假的紧迫感
- 促销和其他限时折扣可能会诱导买家
- 卖家用"害怕错过"来带动销售

**怎么回事？**

你在外面闲逛，本没打算购买任何东西，但碰上一个跳楼大甩卖——于是你买东西了。但你是真的省钱了，还是被误导了？

**为什么会这样？**

打折、赠送、库存有限、临时促销以及一系列其他"优惠"都是为了煽动你去购买。这些手段会起作用是因为我们忍不住担心会错过一次绝好的机会。但事实是，在几乎所有的情况下，对错失良机的担心都是一种幻觉，这纯粹是商家为了迎合大脑的运作方式而量身打造的。

建议用时：25分钟

# 深入了解

## 销售技巧

在包括英国在内的一些国家，只能在之前确实以更高价格出售过的商品上贴打折的标签——这就是为什么从夏末开始，你就能发现百货公司的圣诞产品在出售，即使它们藏在商店的角落里。然后，等到圣诞节的时候，所有的东西都在打折，真是不可思议！或者你有没有去过家具店，并且发现有一半商品都暂时五折出售？一个月后再来看看，你可能会发现这一次换作他们的另一半商品在五折出售。"标价"是一个谎言，只是为了鼓励你现在就买，而不是以后再买——但如果你最终以双倍的价格买了一件不打折的商品，那就太"棒"了！

有用的销售技巧包括：

免费样品——尤其是面对面的时候，我们经常在尝试后会觉得不得不购买该产品。

赠品——即使不需要它们，但我们认为它们增加了额外的价值（它们也增加了退货的麻烦）。

免费试用——我们可能不会取消或者退货。

倒计时——限时销售或限量销售给人一种虚假的紧迫感。

受欢迎——有许多人围观；或者网上购物的时候，计数器会显示其他人正在购买或即将购买某产品（比如显示"过去1小时有15个人买了这个产品"，或者"23个人正在浏览这个产品"）。

# 试一试

训练1

用水平线或垂直线（桥梁）将圈出的数字（岛屿）连接起来，目标是所有岛屿通过一个或多个桥梁连接成一个独立网络。桥梁既不能相互交叉，也不能跨岛，两个岛屿之间的桥不能超过两座。每个岛上的数字表示有多少座桥连接到该岛上。

1.

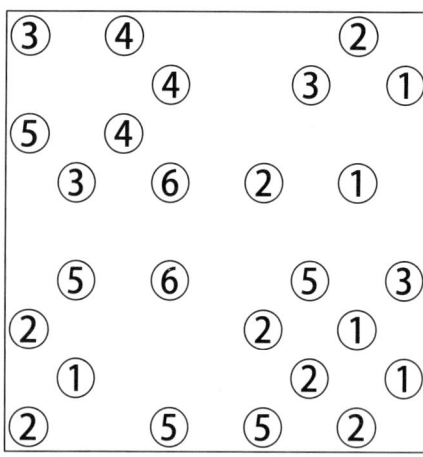

2.

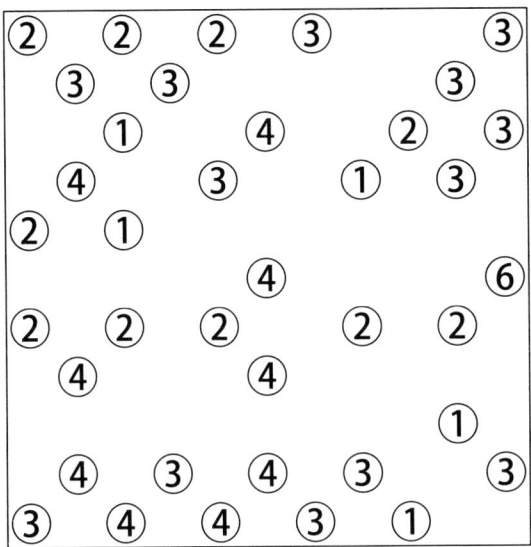

**训练2**

通过完成这个不寻常的数独游戏来测试一下你的数字技能。

在每个空格内填入一个1到9之间的数字,相同数字在每行、每列和3×3粗线九宫格内不能重复出现。带圈空格中的数字必须等于相连箭头所经过方格的数字之和。

|   |   |   |   |   |   |   |   |   |
|---|---|---|---|---|---|---|---|---|
| 7 |   |   |   |   |   |   |   | 9 |
|   | 8 |   |   |   |   |   | 2 |   |
|   |   | 9 |   |   |   | 6 |   |   |
|   |   |   | 9 |   | 2 |   |   |   |
|   |   |   |   | 1 |   |   |   |   |
|   |   |   | 7 |   | 5 |   |   |   |
|   |   | 6 |   |   |   | 8 |   |   |
|   | 7 |   |   |   |   |   | 9 |   |
| 8 |   |   |   |   |   |   |   | 2 |

# 第 35 天

# 积累词汇

尽量拓宽阅读范围——网上的文章也不例外

词汇量越大,思考起来越容易

考虑学习一门外语

**怎么回事?**

能够清晰、简洁地表达自己,赢得他人关注的可能性就会加大,同时也有助于自己展开思考。不断扩充词汇量不仅可以增加阅读的快感,还能帮助大脑接触新的概念和想法。

**为什么会这样?**

你解释某个概念时用到的词汇越少,它就越容易被你自己和他人记住,同时也就增加了人们理解它的机会——更容易让人们首先想到它。广泛阅读以扩大词汇量、拓宽视野,可以让你的思想和沟通技巧更丰富。学习外语也很有好处,可以带来新观念。

建议用时:15分钟

# 第35天 积累词汇

## 训练1

下面是一道填字题,在每个空白格子中填字(灰色格子不填),使其横向和纵向均能组成一个成语。

# 第 36 天

# 创造性写作

在某个限定范围内开始写作可以克服写作障碍

不需要从头开始写

多多练习，不要期待速成

**怎么回事？**

你是否曾幻想写出一些有创造性的东西，但当你拿着纸笔坐下来的时候，却发现很难动笔。拥有写"任何东西"的能力意味着需要做很多决定，多到可能会把你淹没。

**为什么会这样？**

当你需要思考的事情相对较少的时候，做决定就容易多了；同样的，当你需要做的决定更少的时候，会更容易开始。在没有准备的情况下就开始做某件事似乎是不明智的，但仅仅是开始的这个动作，通过将决策过程简化为更小、更简单的步骤，就能帮助决策过程变得更容易。

# 深入了解

**扩展**

先写小事情,如果后期你愿意的话再慢慢扩展。不要为决定而烦恼,也不要担心写的内容太简单。接下来,你只要动笔写作了,就会发现你的故事和角色在不断发展。你随时可以折回去重写任何一部分前面的内容,让它和你后面的故事、角色相符合。

如果你想不出来从哪里着手,就试着缩小写作范围。写一些你知道的事,把故事设定在你所了解的世界里。从婴儿名字列表中随机选择几个做角色的名字,或者使用其他方法来限制你所需做的决策数。在写作进行的过程中,你可以回头再看前面的内容。

**插进去**

要是你从头写起来有困难,就试着从故事的中间开始写——甚至可以先写结尾——然后再这儿写点、那儿写点,把你思考得最清楚的部分写下来。当你的想象力开始在故事中创造的坚实的框架上放飞时,剩下的内容就会开始丰满起来。

## 为自己写作

就像其他任何一门艺术一样,美存在于能够发现美的眼睛里,所以要为自己写作。如果是为自己而写,你就无须太过担心他人的想法。你也无须操心自己写的是什么,而是注重写作这个行为本身。你也可以借鉴本书前面所描述的技巧,比如运动是如何帮你想出有创意的想法的,或者大脑是如何在睡觉的时候进行思考,然后在第二天产生新的想法的。

## 试 一 试

### 训练1

尝试这些创造性写作练习,没有正确(或建议)答案。这些练习纯粹是为了给创造性写作提供一些提示,这些提示比一般性的写作任务要更具体。所以,希望这些练习可以让你更容易开始。

从这些写了一半的诗开始。只给出了一行,你可以写出第二行吗?如果你喜欢,可以押韵,但不是必需的。

\* 每天清晨,我起床看见,

## 第 36 天
创造性写作

\* 全世界都会知道这是真的,

_____

\* 每当我陷入沉思,

_____

\* 那天,她最后的想法是,

_____


## 训练2

写一个非常短的故事,包含以下所有情节限制:
- 一只叫沃夫先生的狗
- 一位名叫丹尼的奥运选手
- 一只放在长椅上的袋子
- 一个神秘的声音

为了保证故事简短,看看你能否在下面的空间里写完。

_____

_____

_____

_____

## 第 37 天

# 增长见识

经历越丰富，思维越宽阔

尝试新活动，挑战自己

每天努力学习新东西

**怎么回事？**

我们对很多事物往往一无所知，所以它需要我们去探索发现。这种探索不是身体意义上的——虽然身体探索很棒——而是各种各样的文化经历，包括参观博物馆、阅读海外报纸、参加讲座和观看纪录片。

**为什么会这样？**

坚持学习有助于拓宽视野，让你的思想更加丰富和深刻。这对热爱挑战的大脑也有好处。经历的事情越陌生越好，比方说，去不熟悉的地方旅行通常会给所有感官都带来各种各样的新体验。但同时，那些相对平淡的学习，也很值得你将其纳入每天的时间表中。

# 第 37 天
## 增 长 见 识

# 试 一 试

**训练 1**

美国共有五十个州,你能说出几个? 请一一列举:

1. _____
2. _____
3. _____
4. _____
5. _____
6. _____
7. _____
8. _____
9. _____
10. _____
11. _____
12. _____
13. _____
14. _____
15. _____
16. _____
17. _____
18. _____
19. _____
20. _____
21. _____
22. _____
23. _____
24. _____
25. _____
26. _____
27. _____
28. _____
29. _____
30. _____
31. _____
32. _____
33. _____
34. _____
35. _____
36. _____
37. _____
38. _____

39. _____
40. _____
41. _____
42. _____
43. _____
44. _____

45. _____
46. _____
47. _____
48. _____
49. _____
50. _____

## 训练2

你熟悉英国前首相吗?你能列出下面几位的名字吗?他们任职的年份已经给出,可以作为参考。

1970—1974:_____

1974—1976:_____

1976—1979:_____

1979—1990:_____

1990—1997:_____

1997—2007:_____

2007—2010:_____

2010—2016:_____

## 训练 3

你能说出几个非洲国家的名字？在编写本书时，非洲共有54个主权国家。

1. _____
2. _____
3. _____
4. _____
5. _____
6. _____
7. _____
8. _____
9. _____
10. _____
11. _____
12. _____
13. _____
14. _____
15. _____
16. _____
17. _____
18. _____
19. _____
20. _____
21. _____
22. _____
23. _____
24. _____
25. _____
26. _____
27. _____
28. _____
29. _____
30. _____
31. _____
32. _____
33. _____
34. _____
35. _____
36. _____
37. _____
38. _____

39. _____     47. _____
40. _____     48. _____
41. _____     49. _____
42. _____     50. _____
43. _____     51. _____
44. _____     52. _____
45. _____     53. _____
46. _____     54. _____

## 第 **38** 天

# 使用记忆力

练习使用你的记忆可以快速地为你带来好处

前几代人记忆的东西要多得多

你的记忆力比你意识到的更强大

## 怎么回事?

现在很多人都随身携带手机,所以我们总有地方可以记录名字、电话号码、生日、地址或约会。很久以前,我们会把这些记在脑子里,至少记忆一段时间,但现在我们不再需要这项技能。

## 为什么会这样?

把你可能会忘记或记错的事情写下来是有意义的,但如果不刻意使用记忆,记忆技能就会减弱。练习记忆是很有价值的,即使只是一个简短的购物清单或一套步行指南。

第 38 天
使用记忆力

训练 1

尝试用这些记忆练习来加强你的记忆能力。

从记忆这个购物清单开始：
面包
牛奶
奶酪
报纸
果汁
酸奶
黄油
洗碗布

你想花多长时间就花多长时间。如果你认为自己已经准备好了，遮住上面的清单，回答下面的问题。

清单上有多少物品？
清单上哪两项物品不是食物？
你能写出清单上的所有物品吗？

## 训练2

仔细看一下本页上半部分的这些图片,然后把它们遮起来,阅读本练习的第二部分。

你能认出下面这些图片中哪些跟上面的一样,哪些是新的吗?

# 第 38 天
## 使用记忆力

**训练 3**

慢慢地读完下面这串数字,但不要刻意去记忆它们,读到最后一个数字时,迅速把它们按相同的顺序写下来,不要回头看。

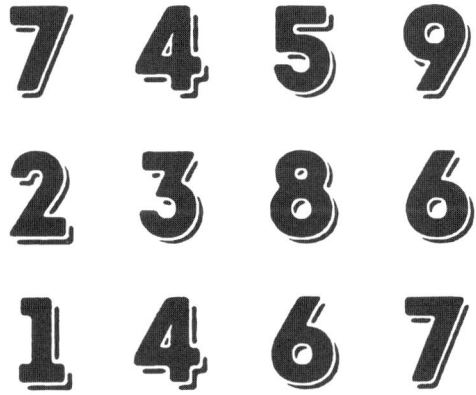

现在回头看看,检查一下,看看你做得如何。你从这个序列中记住了多少?

训练4

试着用这些表情符号做一个类似的练习。依次看每一个表情符号,不要刻意去记忆,然后把书翻过去,试着在纸上重现它们。

第 **39** 天

# 缜密的推理

- 从事实开始,而非观点
- 考虑事实的可靠性
- 结论是普遍适用,还是只适用于某些具体情况

## 怎么回事？

除了最不重要的决定，其他所有决定都要以事实为基础，这一点往往很重要。这不仅有助于确保你做的决定产生预期结果，而且如果以后需要的话，还可以为每一个决定提供理由。然而，你又该如何判断哪些是事实，哪些不是事实呢？

## 为什么会这样？

有些事实是明摆着的。例如，如果要选择一件新家具，你关心的是价格和外观，这两项你都可以亲眼看见，所以可以确定。但你该如何判断其他因素，比如产品的质量、坚固性、耐用性或对环境的影响？如果你依赖商店的保证，那这些确实是事实，或者仅仅是观点？还有那些你看不到的事情，又该如何判断呢？

# 深入了解

## 数字游戏

超出你评估能力的说法确实很难判断真假。某件事并不会仅因为你读了多次或听了多次就变成真的——每份报告都有可能是从同一个地方抄来的,在当今这个互联网世界,这并不罕见。

然而,对某些事实来说,数字却是很重要的。假如我只是数了一包混合糖果里红色糖果的数目,这不一定能告诉我其他袋子里糖果的情况,因为我的这包糖果可能与众不同。但如果我看了几百个袋子,就会更好地了解正常标准是什么。数字的这种安全性同样适用于多数观察,你所观察的东西越复杂,所需的数字就越多。例如,对几十个人进行的健康研究几乎没什么意义。

## 一般性结论

少量样本可能无法得出可靠的结论,但在很多情况下,即使只是一般概念也会有所助益。但危险在于把一般概念运用到太过具体的事件中。例如,我们会认为所有糖果袋子里装着等量的红色糖果。我们可能倾向于更具体的结论,因为它们似乎更容易理解。

有人使用具体结论并将其滥用到其他不适合或者根本对立的领

域，这个问题更难发现。这一点常被概括为：不能因为胡萝卜是橙色的，就说所有橙色的东西都是胡萝卜。尽管这个观察显而易见，但在现实生活中，使用这种错误推论的时候，人们并不总能看得明白。

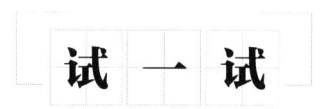

### 训练1

尝试下面这些谜题来测试一下你的推理能力。

在网格上画线，把网格划分成一堆长方形和正方形，每个几何图形只能包含一个有数字的方块，且数字的大小就是这个几何图形所占的方块数。

1.

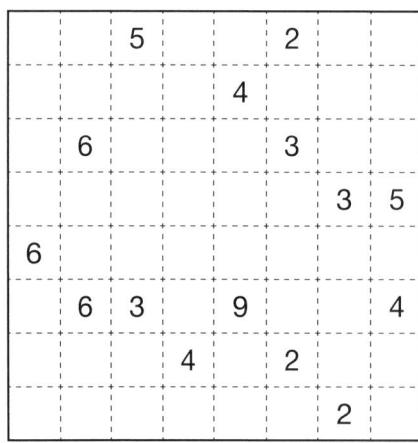

2.

|   |   |   |   |   |   |   |   |   |
|---|---|---|---|---|---|---|---|---|
| 6 |   |   |   |   | 5 |   |   |   |
|   |   | 8 |   |   | 3 |   |   |   |
|   |   |   |   |   |   | 9 |   |   |
|   |   |   |   | 6 |   |   | 3 |   |
|   |   |   | 2 | 6 |   |   |   |   |
|   | 4 |   | 5 |   |   | 3 |   |   |
|   | 3 |   |   |   |   |   |   |   |
|   |   | 9 |   |   | 9 |   | 9 |   |
|   |   |   | 4 |   |   |   |   |   |
|   |   |   |   |   | 3 |   | 3 |   |

## 训练2

把粗线内的一些方块涂黑，形成一个个四格拼板（一种由四个方块组成的形状）。如下图所示，四格拼板的形状只能是L、I、T或者S形中的一种，不能出现2×2的正方形。

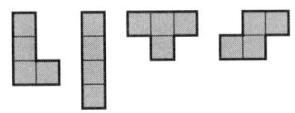

\* 拼图中所有涂黑的方块必须连接成一个区域，如下面图中所示。拼板只要相邻就算相连，不包括对角线方向。

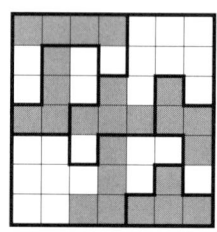

\* 整个图中涂黑的方块不得出现2×2的正方形。

\* 任何两个形状相同的四格拼板不得相连（除了对角线方向）。同一种四格拼板形状的翻转和旋转仍然算作同种形状，所以不能相连。

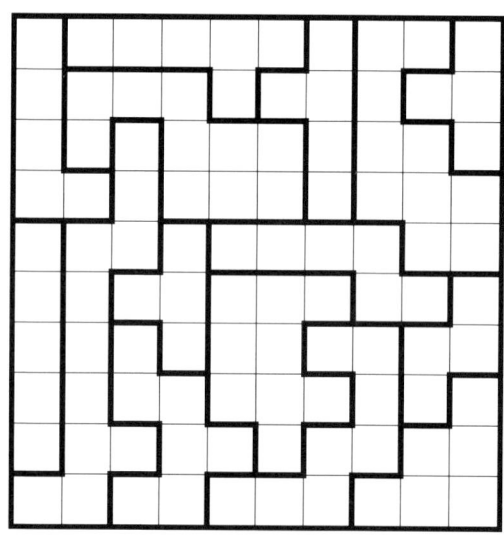

## 第 40 天

# 终身学习

> 把你想记住的事情用笔记下来
>
> 尽可能多地挑战自己
>
> 寻找新的活动和方法来训练你的大脑

**怎么回事？**

40天的训练只触及关爱大脑这件事的皮毛。重要的是，你既然已经从这本书开始了，就要继续寻找新的挑战，即便这些新的挑战仅仅是继续尝试没做过的智力游戏，或是提高解决做过的智力游戏的水平，你都一定会有收获的。

**为什么会这样？**

大脑需要挑战才能持续以最高性能运转。为了简化其功能，大脑会把不常使用的部分废弃，所以你应该好好使用大脑——每天。你也可以在这个"私教"系列中找找其他书目，像《我的第一堂记忆私教课：40天超级记忆训练计划》，开启另一个40天的项目。

# 试 一 试

**训练1**

尝试最后一组全新谜题。

首先用数字填满这颗数独星星,每行、每列,以及每个粗线条范围内2×4或4×2的八宫格中都包含1到8之间的数字,每行、每列的数字不能重复出现。

每行、每列都在三维方向中的一个方向运行,到达数独星星中心的时候会弯曲90度。

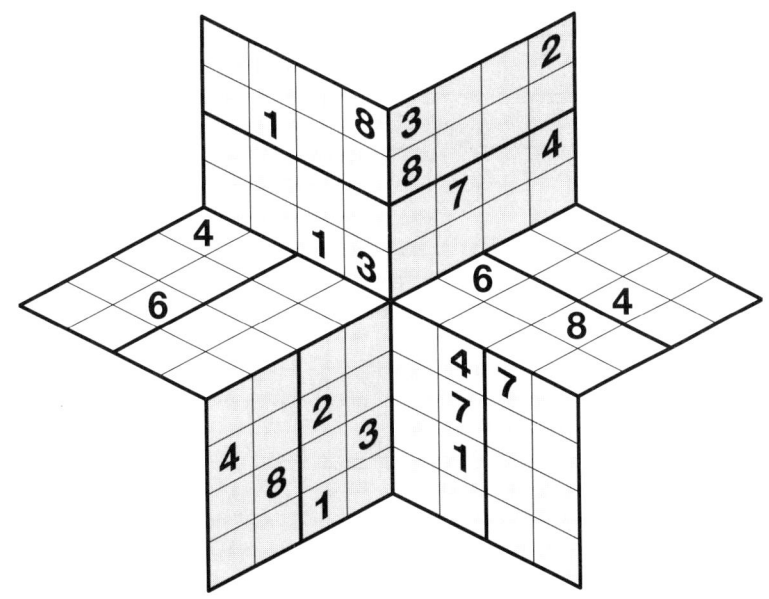

## 训练2

涂黑一些方块,两个涂黑的方块不能相邻,所有没有涂黑的方块形成一个连续的区域。

有数字的方块可涂黑也可不涂黑,但粗线区域里涂黑的方块数必须等于这个区域给出的数字。

任何没有涂黑的方块形成的连续水平线或垂直线最多只能和一条粗线交叉。

1.

| 2 | 1 |   |   | 2 |
|---|---|---|---|---|
|   | 3 | 0 |   |   |
|   |   |   |   |   |
|   |   |   |   |   |
|   |   | 2 |   |   |

2.

| 0 |   | 2 |   |   |   |   |
|---|---|---|---|---|---|---|
|   |   |   |   |   |   |   |
|   |   |   |   |   |   |   |
|   |   |   | 2 |   | 1 |   |
| 2 |   |   |   | 3 |   |   |
|   |   | 4 |   |   |   |   |
|   |   |   |   |   |   |   |
| 1 |   |   |   |   |   |   |

## 训练3

涂黑一些空格，然后画一个环线，使其经过每个没有涂黑的空格。该环线只能由水平线和垂直线构成，并且只能经过任何空格一次。带线索的方格不能涂黑，环线也不能经过。如下面的例子所示。

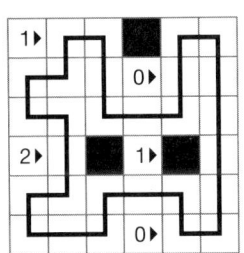

带箭头的数字表示该行或列中给定方向上涂黑方块的准确数量（从该箭头起到该行或列结束，与其他线索无关），但并不是所有的涂黑方块都需用箭头指出。

涂黑方块不能相邻，但不包括对角线方向。

# 参考答案

所有需要答案的练习都给出了完整的参考答案

你可以用它们来检查答案或简化题目

这些题目即使没有解决,也会对你有好处

## 怎么回事?

提高大脑技能需要练习,这就是这本书中设置各式各样题目的目的。只要你真正试着去解决这些题目,就能获益。实际上,并不一定要求得到最终答案。

## 为什么会这样?

在学习解题的过程中,大脑会获得很多脑力锻炼。即使你的解题过程没有把你带到最终的答案面前,它也是学习的一部分。在你开始变得沮丧之前最好停下来,因为不快乐的大脑是无法好好学习的。

## 简化?

如果某个题目太具有挑战性,你可以看看解决方案,获取一些提示——或者照抄答案也未尝不可。

第1天：

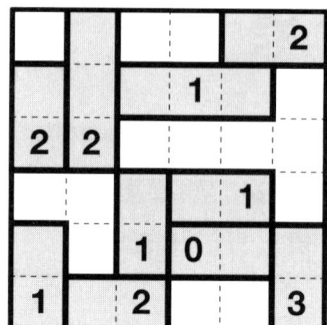

第2天：

训练1

\* 图一

\* 图四

第3天：

训练1

1.

2.

训练2

1.

| 1 | 1 | 0 | 0 | 1 | 0 | 0 | 1 |
|---|---|---|---|---|---|---|---|
| 1 | 1 | 0 | 0 | 1 | 0 | 0 | 1 |
| 0 | 0 | 1 | 1 | 0 | 1 | 1 | 0 |
| 0 | 0 | 1 | 1 | 0 | 0 | 1 | 1 |
| 1 | 1 | 0 | 0 | 1 | 1 | 0 | 0 |
| 0 | 0 | 1 | 1 | 0 | 0 | 1 | 1 |
| 0 | 0 | 1 | 1 | 0 | 1 | 1 | 0 |
| 1 | 1 | 0 | 0 | 1 | 1 | 0 | 0 |

2.

| 1 | 0 | 0 | 1 | 0 | 1 | 1 | 0 |
|---|---|---|---|---|---|---|---|
| 0 | 1 | 0 | 0 | 1 | 0 | 1 | 1 |
| 1 | 0 | 1 | 0 | 1 | 0 | 0 | 1 |
| 0 | 0 | 1 | 1 | 0 | 1 | 1 | 0 |
| 0 | 1 | 0 | 0 | 1 | 1 | 0 | 1 |
| 1 | 0 | 1 | 1 | 0 | 0 | 1 | 0 |
| 0 | 1 | 1 | 0 | 1 | 0 | 0 | 1 |
| 1 | 1 | 0 | 1 | 0 | 1 | 0 | 0 |

第4天：

训练2

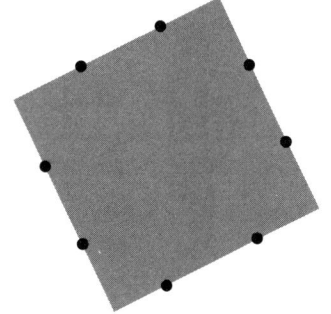

第5天：

训练1

| 0 | 1 | 4 | 3 | 0 | 0 | 2 | 2 |
|---|---|---|---|---|---|---|---|
| 6 | 3 | 2 | 2 | 1 | 2 | 0 | 4 |
| 5 | 6 | 5 | 2 | 5 | 6 | 0 | 3 |
| 2 | 4 | 0 | 0 | 3 | 5 | 3 | 6 |
| 1 | 5 | 3 | 5 | 1 | 3 | 6 | 6 |
| 4 | 5 | 2 | 4 | 4 | 3 | 6 | 4 |
| 6 | 5 | 0 | 4 | 1 | 1 | 1 | 1 |

训练2

1.

2.

第6天：

训练1

1. 2.

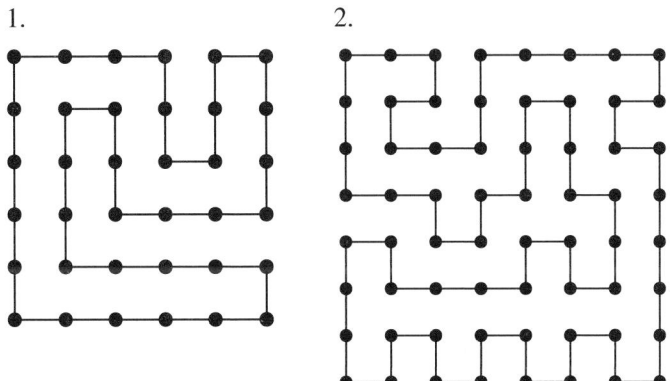

第7天：

训练1

## 训练2

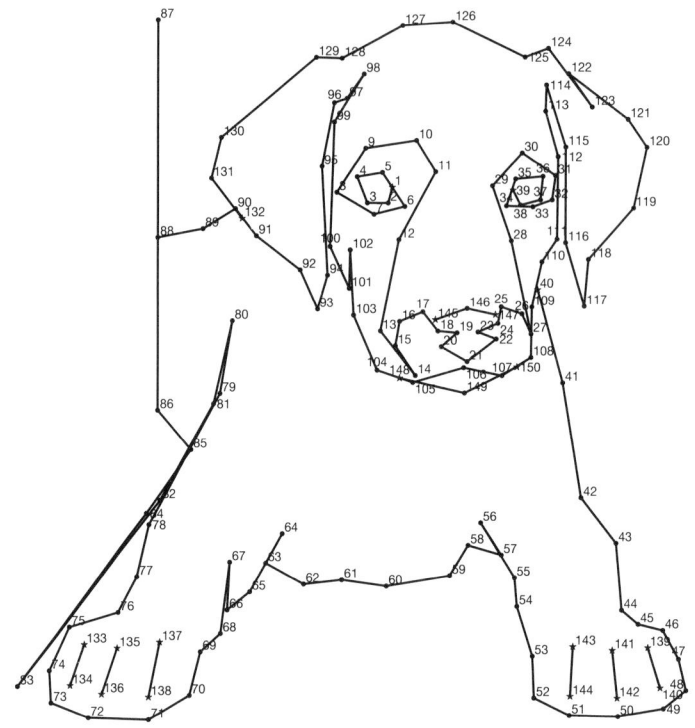

## 第8天：

### 训练1

1. 邮票

2. 你是第二名（不是第一名）

3. 黑暗

4. 时间

5. 在计算时间的时候

6. 把它直接往上扔，这样它就会掉回你的手里

7. 洞

# 参考答案

## 第9天：

### 训练1

1.

| 31 | 32 | 33 | 34 | 35 | 36 |
|----|----|----|----|----|----|
| 30 | 29 | 22 | 21 | 20 | 19 |
| 27 | 28 | 23 | 16 | 17 | 18 |
| 26 | 25 | 24 | 15 | 14 | 13 |
| 7  | 8  | 9  | 10 | 11 | 12 |
| 6  | 5  | 4  | 3  | 2  | 1  |

2.

| 8  | 7  | 4  | 3  | 58 | 57 | 56 | 55 |
|----|----|----|----|----|----|----|----|
| 9  | 6  | 5  | 2  | 59 | 62 | 63 | 54 |
| 10 | 17 | 18 | 1  | 60 | 61 | 64 | 53 |
| 11 | 16 | 19 | 32 | 33 | 34 | 51 | 52 |
| 12 | 15 | 20 | 31 | 36 | 35 | 50 | 49 |
| 13 | 14 | 21 | 30 | 37 | 38 | 47 | 48 |
| 24 | 23 | 22 | 29 | 40 | 39 | 46 | 45 |
| 25 | 26 | 27 | 28 | 41 | 42 | 43 | 44 |

第10天：

训练1

1.

| F | E | B | D | C | A |
|---|---|---|---|---|---|
| E | C | A | F | B | D |
| D | B | F | E | A | C |
| A | F | D | C | E | B |
| B | D | C | A | F | E |
| C | A | E | B | D | F |

2.

| A | C | B | D | E | G | H | F |
|---|---|---|---|---|---|---|---|
| B | G | H | E | F | C | D | A |
| E | D | A | H | G | F | B | C |
| D | F | G | A | C | H | E | B |
| F | H | C | G | B | E | A | D |
| G | E | D | F | A | B | C | H |
| H | B | E | C | D | A | F | G |
| C | A | F | B | H | D | G | E |

## 训练2

1.

| 13 | 15 | 17 | 18 | 34 | 35 |
|----|----|----|----|----|----|
| 12 | 14 | 16 | 33 | 19 | 36 |
| 11 | 10 | 9  | 20 | 32 | 31 |
| 7  | 8  | 1  | 21 | 29 | 30 |
| 6  | 2  | 23 | 22 | 25 | 28 |
| 5  | 4  | 3  | 24 | 27 | 26 |

2.

| 29 | 58 | 57 | 60 | 15 | 16 | 13 | 12 |
|----|----|----|----|----|----|----|----|
| 30 | 28 | 59 | 56 | 61 | 14 | 17 | 11 |
| 31 | 27 | 63 | 62 | 55 | 51 | 10 | 18 |
| 32 | 26 | 64 | 54 | 50 | 52 | 19 | 9  |
| 33 | 25 | 23 | 49 | 53 | 20 | 8  | 7  |
| 34 | 24 | 48 | 22 | 21 | 1  | 6  | 5  |
| 35 | 37 | 40 | 47 | 42 | 45 | 2  | 4  |
| 36 | 39 | 38 | 41 | 46 | 43 | 44 | 3  |

## 训练3

1.

| 1 | 7 | 6 | 2 | 9 | 8 | 5 | 0 | 4 | 3 |
|---|---|---|---|---|---|---|---|---|---|
| 4 | 9 | 0 | 5 | 3 | 2 | 7 | 1 | 6 | 8 |
| 0 | 7 | 8 | 1 | 9 | 6 | 4 | 5 | 2 | 3 |
| 5 | 6 | 3 | 7 | 2 | 0 | 1 | 8 | 9 | 4 |
| 9 | 8 | 0 | 5 | 1 | 7 | 4 | 2 | 6 | 3 |
| **19** | **37** | **17** | **20** | **24** | **23** | **21** | **16** | **27** | **21** |

2.

| 2 | 5 | 1 | 9 | 4 | 8 | 0 | 6 | 7 | 3 |
|---|---|---|---|---|---|---|---|---|---|
| 0 | 9 | 6 | 7 | 3 | 1 | 5 | 2 | 4 | 8 |
| 8 | 7 | 2 | 1 | 4 | 6 | 0 | 9 | 5 | 3 |
| 4 | 9 | 5 | 6 | 7 | 2 | 1 | 3 | 8 | 0 |
| 1 | 8 | 7 | 2 | 4 | 3 | 0 | 5 | 9 | 6 |
| **15** | **38** | **21** | **25** | **22** | **20** | **6** | **25** | **33** | **20** |

第11天：

训练2

```
         16  14  17        23  16  30
    24  7   8   9      24  8   7   9
              26
    30  9   6   8   7  23  6   9   8   17
                       3
            19              15
         8  29  8   2   9   12  7   8
    3    2   1   3   2   1   23  8   6   9
                16           7
    30  6   8   7   9   3    2   1       17
                       24            26
         14          21
    15   5   9  17   7   1   3   2   8
    17          20                16
        8   9   12  7   9   4        5  7   9
    34  7   6   4   9   8   6   2   4       17
                             10              16
            3            20
    17  25  3   2   1   15  2   3   8   7
    23  9   8   6       8   7   1   14  5   9
                        16              
    9   8   1   13  2   8   3       17  16  5
                17
        23  9   8   6  21  4   9   7   1
        24  7   9   8      21  8   9   4
```

训练3

```
          2  3  1  2  4
       2  4  3  5  1  2  2
       3  1  4  2  5  3  2
       1  5  2  1  3  4  2
       2  2  5  3  4  1  3
       3  3  1  4  2  5  1
          2  2  2  3  1
```

第12天：

训练1

训练2

第13天：

训练2

训练3

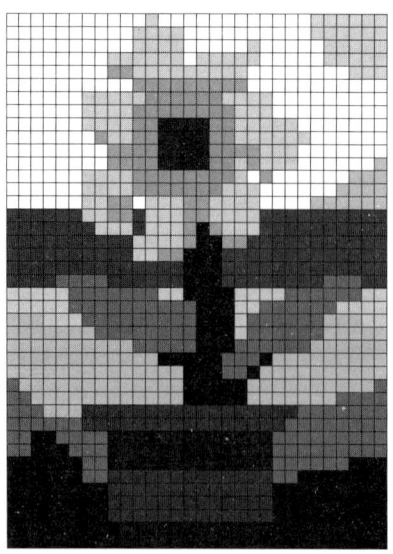

第15天：

训练2

1.

| 5 | 2 | 4 | 2 | 6 | 2 |
|---|---|---|---|---|---|
| 6 | 3 | 6 | 4 | 6 | 1 |
| 4 | 6 | 2 | 3 | 1 | 5 |
| 5 | 1 | 5 | 6 | 5 | 3 |
| 1 | 6 | 6 | 3 | 4 | 2 |
| 2 | 4 | 3 | 1 | 3 | 6 |

2.

| 7 | 8 | 3 | 7 | 4 | 1 | 6 | 2 |
|---|---|---|---|---|---|---|---|
| 4 | 6 | 8 | 2 | 5 | 3 | 7 | 3 |
| 6 | 2 | 7 | 1 | 3 | 8 | 2 | 5 |
| 2 | 4 | 6 | 4 | 8 | 4 | 1 | 4 |
| 1 | 8 | 2 | 6 | 3 | 7 | 2 | 3 |
| 5 | 4 | 1 | 4 | 2 | 8 | 6 | 6 |
| 1 | 5 | 2 | 7 | 6 | 1 | 4 | 3 |
| 8 | 3 | 1 | 5 | 6 | 6 | 2 | 7 |

训练3

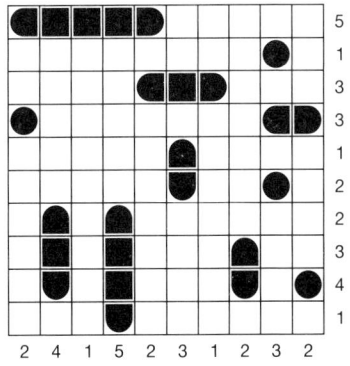

第16天：

训练1

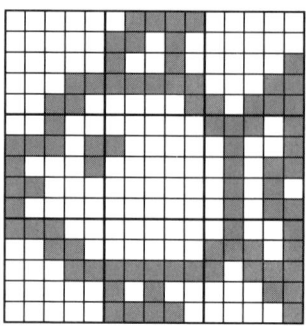

训练2

第17天：

训练1

1.

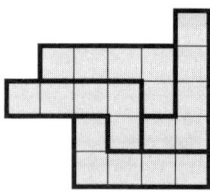

2.

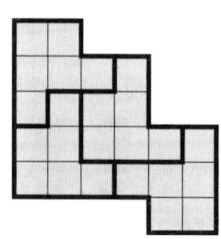

## 参考答案

第18天：

训练1

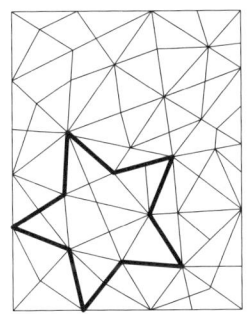

训练2

1.

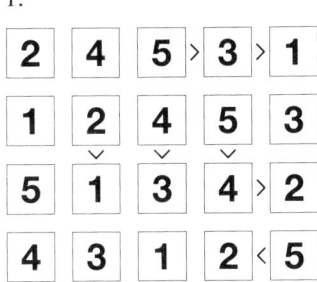

2.

训练3

1.

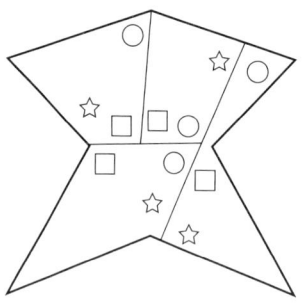

2.

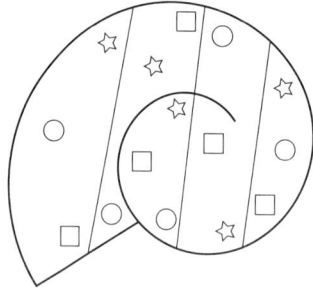

第19天：

训练1

1.今天是1月1日，我的生日是12月31日。我现在9岁，但明年12月31日，我就11岁了。

2.20个，分别是5、15、25、35、45、50、51、52、53、54、55、56、57、58、59、65、75、85、95。

3.梯子平放在地上。

4.其中一位既是妈妈也是女儿。

5.钟表后面的机械装置。

# 参考答案

第20天：

训练2

1.
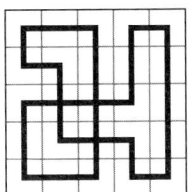

2.
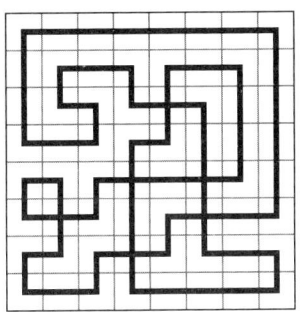

训练3

| 6 | 5 | 7 | 9 | 3 | 1 | 4 | 8 | 2 |
|---|---|---|---|---|---|---|---|---|
| 1 | 8 | 3 | 6 | 2 | 4 | 9 | 5 | 7 |
| 9 | 4 | 2 | 8 | 5 | 7 | 6 | 3 | 1 |
| 5 | 9 | 6 | 2 | 7 | 3 | 8 | 1 | 4 |
| 3 | 1 | 4 | 5 | 8 | 9 | 7 | 2 | 6 |
| 7 | 2 | 8 | 4 | 1 | 6 | 3 | 9 | 5 |
| 8 | 3 | 1 | 7 | 6 | 2 | 5 | 4 | 9 |
| 2 | 7 | 9 | 3 | 4 | 5 | 1 | 6 | 8 |
| 4 | 6 | 5 | 1 | 9 | 8 | 2 | 7 | 3 |

第21天：

训练1

台　普　眉　华

王　杨　卢　骆

重　福　杭　昌

训练2

A和D；B和E；C和F

第22天：

训练1

1.200 × 150 = 30000 人可以看到

2.50 / 1000 = 5 / 100 = 5%

3.150 名

训练2

20 = 4 + 6 + 10

26 = 7 + 8 + 11

30 = 4 + 7 + 8 + 11

34 = 6 + 7 + 10 + 11

训练3

字母"K"

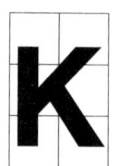

## 参考答案

**第23天：**

训练1

58 = 19 + 13 + 26

70 = 18 + 40 + 12

80 = 30 + 24 + 26

训练2

1. 8 × 10 ÷ 5 + 3 = 19

2.（50 – 10）× 4 + 6 + 7 = 173

**第24天：**

训练1

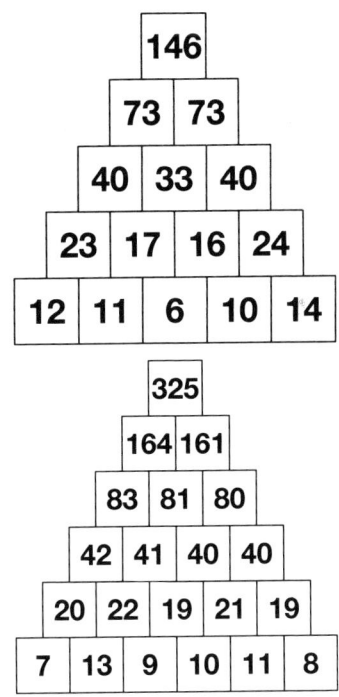

第25天：

训练1

1.

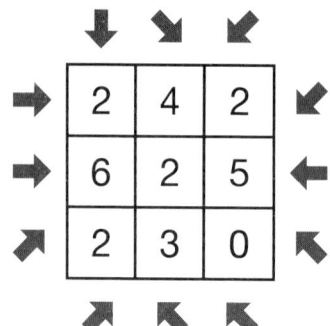

2.

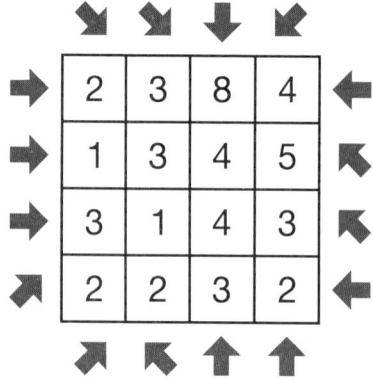

训练2

1.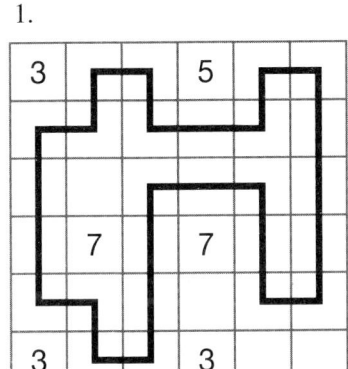

2.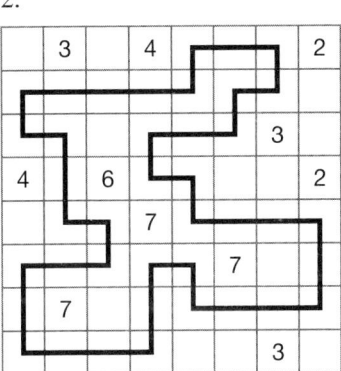

第26天：

训练1

## 训练 2

1.

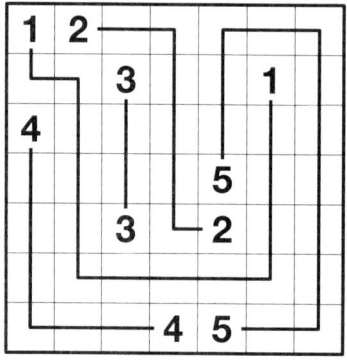

2.

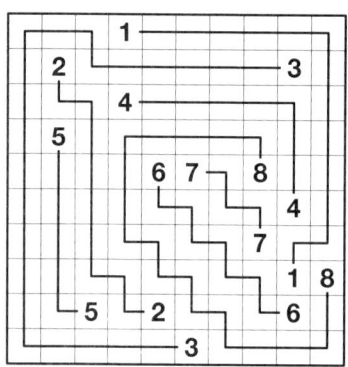

## 训练 3

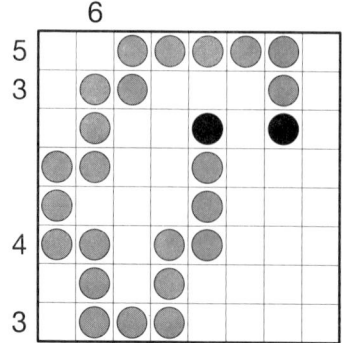

训练 4

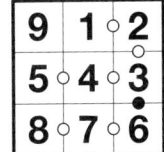 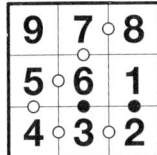

第 27 天：

训练 1

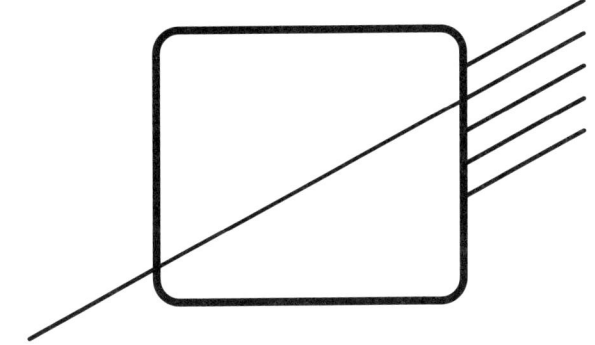

训练 2

它们都是直的，你可以用尺子或其他物体（边是直的）来验证。

训练 3

没有白色的圆圈。它们是你的大脑从有空隙的网格线中推断出来的。

训练 4

这三个圆圈大小相同。

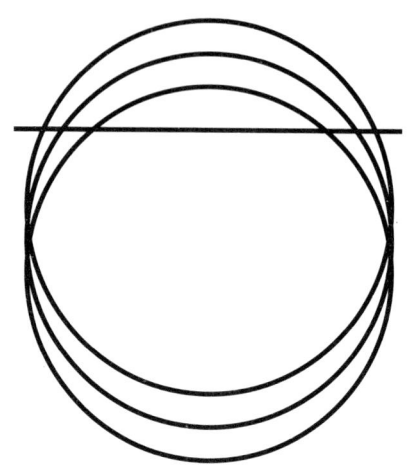

**第28天：**

### 训练1

| | |
|---|---|
| 1992: Barcelona | 巴塞罗那 |
| 1996: Atlanta | 亚特兰大 |
| 2000: Sydney | 悉尼 |
| 2004: Athens | 雅典 |
| 2008: Beijing | 北京 |
| 2012: London | 伦敦 |
| 2016: Rio de Janeiro | 里约热内卢 |

### 训练2

| | |
|---|---|
| 1969—1974: Richard Nixon | 理查德·尼克松 |
| 1974—1977: Gerald Ford | 杰拉尔德·福特 |
| 1977—1981: Jimmy Carter | 吉米·卡特 |
| 1981—1989: Ronald Reagan | 罗纳德·里根 |
| 1989—1993: George H. W. Bush | 乔治·H.W.布什 |

1993—2001: William Jefferson Clinton 威廉·杰弗逊·克林顿

2001—2009: George W. Bush　　乔治·W. 布什

2009—2017: Barack Obama　　巴拉克·奥巴马

## 第30天：

**训练2**

| 1 | 5 | 8 | 7 | 4 | 6 | 2 |   | 3 |
|---|---|---|---|---|---|---|---|---|
| 4 | 9 | 2 | 3 |   | 5 | 8 | 6 | 7 |
| 7 | 3 |   | 2 | 8 | 9 | 4 | 1 | 5 |
| 2 | 4 | 3 |   | 5 | 1 | 9 | 7 | 6 |
| 9 | 1 | 5 | 4 | 6 | 7 | 3 | 2 |   |
| 6 |   | 7 | 8 | 3 | 2 | 5 | 4 | 1 |
| 5 | 8 | 1 | 6 | 7 | 3 |   | 9 | 2 |
|   | 7 | 9 | 5 | 2 | 4 | 1 | 3 | 8 |
| 3 | 2 | 6 | 1 | 9 |   | 7 | 5 | 4 |

## 第31天：

**训练1**

共有36个矩形。

**训练2**

| 1 | 6 | 8 | 5 | 7 | 2 | 4 | 3 |
|---|---|---|---|---|---|---|---|
| 7 | 5 | 2 | 6 | 1 | 8 | 3 | 4 |
| 6 | 4 | 3 | 7 | 8 | 1 | 5 | 2 |
| 4 | 2 | 6 | 8 | 3 | 5 | 1 | 7 |
| 5 | 7 | 1 | 4 | 2 | 3 | 6 | 8 |
| 8 | 3 | 4 | 2 | 5 | 6 | 7 | 1 |
| 2 | 1 | 7 | 3 | 6 | 4 | 8 | 5 |
| 3 | 8 | 5 | 1 | 4 | 7 | 2 | 6 |

**训练3**

1. 46个

2. 33个

## 第32天：

**训练1**

正方形最多,三角形最少。

**训练2**

79

**训练3**

都是40320

**训练4**

370

## 第33天：

**训练1**

35 = 13 + 22

**训练2**

1. 15 = 9 + 6

2. 29 = 11 + 13

3. 38 = 17 + 21

4. 92 = 42 + 50

参考答案

## 训练3

| 29 | 38 | 57 | 19 | 82 | **62** |

| 14 | 7 | 25 | 5 | 10 | **3** |

| 29 | 87 | 58 | 76 | 38 | **19** |

| 27 | 9 | 3 | 21 | 10 | **5** |

| 45 | 10 | 7 | 43 | 39 | **95** |

## 训练4

1.

| 12× 3 | 4 | 16+ 1 | 5 | 6 | 3+ 2 |
|---|---|---|---|---|---|
| 11+ 6 | 5 | 12× 3 | 5+ 2 | 4 | 1 |
| 3+ 1 | 2 | 4 | 3 | 11+ 5 | 6 |
| 24× 4 | 6 | 1- 5 | 5+ 1 | 5+ 2 | 3 |
| 3- 2 | 36× 1 | 6 | 4 | 8+ 3 | 5 |
| 5 | 3 | 2 | 6 | 5+ 1 | 4 |

2.

| 9+ 5 | 1 | 6× 2 | 3 | 8× 4 | 30× 6 |
|---|---|---|---|---|---|
| 1÷ 6 | 3 | 4- 1 | 96× 4 | 2 | 5 |
| 3 | 2 | 5 | 6 | 1 | 4 |
| 432× 4 | 6 | 3 | 4- 1 | 8+ 5 | 2 |
| 2÷ 2 | 20× 4 | 6 | 5 | 54× 3 | 1 |
| 1 | 5 | 2- 4 | 2 | 6 | 3 |

255

# 第34天：

## 训练1

1.

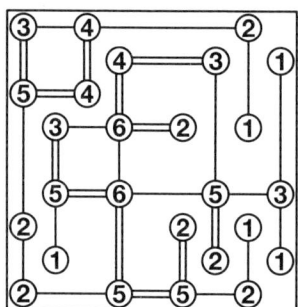

2.

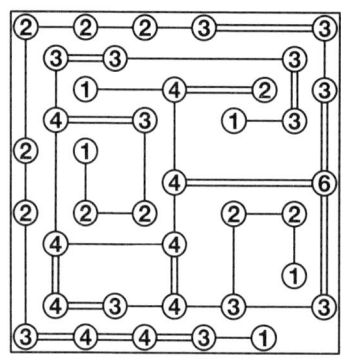

## 训练2

| 7 | 6 | 4 | 3 | 2 | 8 | 5 | 1 | 9 |
|---|---|---|---|---|---|---|---|---|
| 3 | 8 | 1 | 5 | 6 | 9 | 4 | 2 | 7 |
| 5 | 2 | 9 | 1 | 7 | 4 | 6 | 3 | 8 |
| 6 | 4 | 7 | 9 | 8 | 2 | 3 | 5 | 1 |
| 2 | 5 | 8 | 6 | 1 | 3 | 9 | 7 | 4 |
| 1 | 9 | 3 | 7 | 4 | 5 | 2 | 8 | 6 |
| 9 | 1 | 6 | 2 | 5 | 7 | 8 | 4 | 3 |
| 4 | 7 | 2 | 8 | 3 | 6 | 1 | 9 | 5 |
| 8 | 3 | 5 | 4 | 9 | 1 | 7 | 6 | 2 |

## 第35天：

**训练1**

千回百转

```
头    里        七  老  八  十
万    挑   二           之
绪    一   国  三  公       八
           其       九  五  之  尊
           德  被  四  方       光
                   分           十
                   五  颜  六  色
                   裂
```

## 第37天：

**训练1**

美国的五十个州分别是：1.Alabama（亚拉巴马州）、2.Alaska（阿拉斯加州）、3.Arizona（亚利桑那州）、4.Arkansas（阿肯色州）、5.California（加利福尼亚州）、6.Colorado（科罗拉多州）、7.Connecticut（康涅狄格州）、8.Delaware（特拉华州）、9.Florida（佛罗里达州）、10.Georgia（佐治亚州）、11.Hawaii（夏威夷州）、12.Idaho（爱达荷州）、13.Illinois（伊利诺伊州）、14.Indiana（印第安纳州）、15.Iowa（艾奥瓦州）、16.Kansas（堪萨斯州）、17.Kentucky（肯塔基州）、18.Louisiana（路易斯安那州）、19.Maine（缅因州）、20.Maryland（马里兰州）、21.Massachusetts（马萨诸塞州）、22.Michigan（密歇根州）、23.Minnesota（明尼苏达州）、24.Mississippi（密西西比州）、25.Missouri（密苏里州）、26.Montana（蒙大拿州）、27.Nebraska（内

布拉斯加州)、28.Nevada(内华达州)、29.New Hampshire(新罕布什尔州)、30.New Jersey(新泽西州)、31.New Mexico(新墨西哥州)、32.New York(纽约州)、33.North Carolina(北卡罗来纳州)、34.North Dakota(北达科他州)、35.Ohio(俄亥俄州)、36.Oklahoma(俄克拉荷马州)、37.Oregon(俄勒冈州)、38.Pennsylvania(宾夕法尼亚州)、39.Rhode Island(罗得岛州)、40.South Carolina(南卡罗来纳州)、41.South Dakota(南达科他州)、42.Tennessee(田纳西州)、43.Texas(得克萨斯州)、44.Utah(犹他州)、45.Vermont(佛蒙特州)、46.Virginia(弗吉尼亚州)、47.Washington(华盛顿州)、48.West Virginia(西弗吉尼亚州)、49.Wisconsin(威斯康星州)和50.Wyoming(怀俄明州)。

### 训练2

| | |
|---|---|
| 1970—1974：爱德华·希斯 | Edward Heath |
| 1974—1976：哈罗德·威尔逊 | Harold Wilson |
| 1976—1979：詹姆斯·卡拉汉 | James Callaghan |
| 1979—1990：玛格丽特·撒切尔 | Margaret Thatcher |
| 1990—1997：约翰·梅杰 | John Major |
| 1997—2007：安东尼·布莱尔 | Anthony Blair |
| 2007—2010：戈登·布朗 | Gordon Brown |
| 2010—2016：戴维·卡梅伦 | David Cameron |

### 训练3

非洲54个主权国家分别是：1.Algeria(阿尔及利亚)、2.Angola(安哥拉)、3.Benin(贝宁)、4.Botswana(博茨瓦纳)、5.Burkina Faso(布基纳法索)、6.Burundi(布隆迪)、7.Cameroon(喀麦隆)、8.Cape Verde(佛得角)、9.Central African Republic(中非共和国)、10.Chad

（乍得）、11.Comoros（科摩罗）、12.Democratic Republic of the Congo（刚果民主共和国）、13.Republic of the Congo（刚果共和国）、14.Djibouti（吉布提）、15.Egypt（埃及）、16.Equatorial Guinea（赤道几内亚）、17.Eritrea（厄立特里亚国）、18.Ethiopia（埃塞俄比亚）、19.Gabon（加蓬）、20.Gambia（冈比亚）、21.Ghana（加纳）、22.Guinea（几内亚）、23.Guinea-Bissau（几内亚比绍）、24.Ivory Coast（科特迪瓦）、25.Kenya（肯尼亚）、26.Lesotho（莱索托）、27.Liberia（利比里亚）、28.Libya（利比亚）、29.Madagascar（马达加斯加）、30.Malawi（马拉维）、31.Mali（马里）、32.Mauritania（毛里塔尼亚）、33.Mauritius（毛里求斯）、34.Morocco（摩洛哥）、35.Mozambique（莫桑比克）、36.Namibia（纳米比亚）、37.Niger（尼日尔）、38.Nigeria（尼日利亚）、39.Rwanda（卢旺达）、40.São Tomé and Príncipe（圣多美和普林西比）、41.Senegal（塞内加尔）、42.Seychelles（塞舌尔）、43.Sierra Leone（塞拉利昂）、44.Somalia（索马里）、45.South Africa（南非）、46.South Sudan（南苏丹）、47.Sudan（苏丹）、48.Swaziland（斯威士兰）、49.Tanzania（坦桑尼亚）、50.Togo（多哥）、51.Tunisia（突尼斯）、52.Uganda（乌干达）、53.Zambia（赞比亚）和54.Zimbabwe（津巴布韦）。

第39天：

训练1

1.

2.

训练2

第40天：

训练1

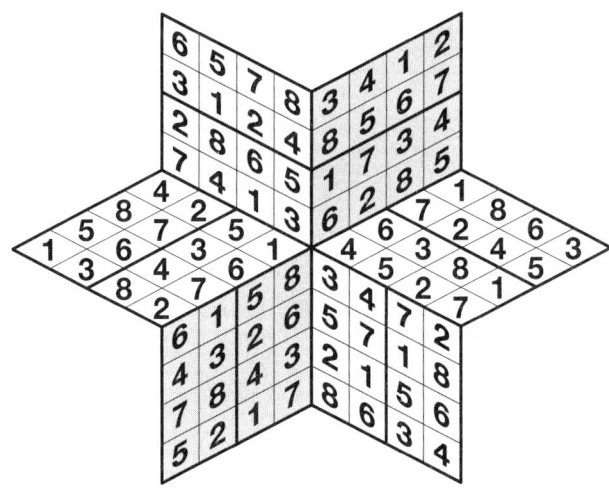

训练2

1.

2.

训练3

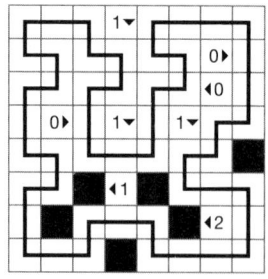